Chatral Rimpoché

ACCIÓN COMPASIVA

**Edición, introducción y notas
de Zach Larson**

editorial Kairós

Título original: COMPASSIONATE ACTION

© 2007 Zach Larson
© de la edición en castellano:
2009 by Editorial Kairós, S.A.

Editorial Kairós S.A.
Numancia 117-121, 08029 Barcelona, España
www.editorialkairos.com

Nirvana Libros S.A. de C.V.
3ª Cerrada de Minas 501-8, CP 01280 México, D.F.
www.nirvanalibros.com.mx

© de la traducción del inglés: Miguel Portillo
Revisión: Joaquim Martínez Piles

Primera edición: Enero 2009
ISBN: 978-84-7245-697-6
Depósito legal: B-53.581/2008

Fotocomposición: Beluga y Mleka, s.c.p. Córcega 267. 08008 Barcelona
Tipografía: Fuente Times, cuerpo 11, interlineado 12,8
Impresión y encuadernación: Romanyà-Valls. Verdaguer, 1. 08786 Capellades

*Dedicado a la larga y saludable vida
del incomparable Señor de Refugio
Chatral Sangye Dorje Rimpoché,
a los profundos linajes de enseñanzas que representa,
y a todos los que siguen su ejemplo trabajando
con gran compasión para conducir incansablemente
a todos los seres
a un estado de Iluminación perfecta.*

SUMARIO

PREFACIO

MONASTERIO DE SHYALPA

Me siento feliz al saber que algunas de las enseñanzas de Su Santidad Chatral Rimpoché van a publicarse bajo el título *Acción compasiva*. Chatral Rimpoché, el incomparable y sublime maestro, es un verdadero buddha en persona y su mente de sabiduría y actividades compasivas son por tanto ilimitadas.

Este libro presenta un atisbo de la visión y las actividades de mi maestro raíz, y estoy seguro de que los esfuerzos de mi estudiante Zach Larson beneficiarán a los verdaderos buscadores espirituales de Occidente.

Ruego que a través de la publicación de estas enseñanzas todos los seres puedan realizar la genuina mente de sabiduría de un maestro y ser siempre verdaderamente compasivos y jubilosos.

SHYALPA JIGMED TENZIN WANGPO

PREFACIO DEL EDITOR

Conocí a Chatral Rimpoché en 1999, mientras participaba en el programa "Un año en Nepal" del colegio universitario Wisconsin-Madison. En esa época, mis dos principales identidades eran la de un vegetariano activista en favor de los derechos de los animales, y la de practicante en la tradición Longchen Ñingthig de la escuela Ñingma del buddhismo tibetano. Durante el tiempo que pasé en Nepal me sentí algo desanimado por el hecho de que muchos buddhistas tibetanos comían carne sin ningún pudor. Decidido a descubrir cómo encajaban el comer carne con su práctica buddhista y cuántos tibetanos residentes en el Asia meridional se abstenían de su consumo, decidí emprender un proyecto de investigación de seis meses que se desarrollaría a lo largo y ancho de la India y Nepal, entrevistando a refugiados tibetanos de toda condición acerca de la convergencia cultural del buddhismo y el consumo de carne.

En cuanto le mencioné la idea de este proyecto a mi consejero, éste sacó el nombre de Chatral Rimpoché, un venerado lama muy conocido por ser vegetariano y por su ceremonia anual en Calcuta, donde libera en el océano a decenas de miles de peces vivos, en principio pescados para ser consumidos. ¡Además me enteré de que está considerado como uno de los practicantes más realizados del mismo linaje de Longchen Ñingthig al que yo pertenezco! Fui a verle a principios de octubre de 1999, acompañado de mi profesor de tibetano y tuve la suerte de llegar en el momento en que estaba ofreciendo una iniciación de Guru Padmasambhava. Mi profesor de tibetano y yo recibimos agradecidos la iniciación y tuvimos oportunidad de hablar con Rimpoché brevemente. Estar en su presencia fue una asombrosa experiencia muy parecida a estar en presencia de Su Santidad el Dalai Lama: uno siente la potente y compasiva energía de Chatral Rimpoché emanando de su corazón puro.

Viajé por el norte y el sur de la India, hablando con lamas, doctores, profesores, políticos, granjeros y comerciantes tibetanos que vivían en asentamientos de refugiados. De entre las docenas de personas con las que hablé, sólo descubrí a tres vegetarianas. A mi regreso a Nepal mi principal objetivo era hablar con Chatral Rimpoché acerca de sus opiniones sobre el buddhismo y el consumo de carne. Me concedió muy amable una entrevista, que duró unos cuarenta y cinco minutos (en el Capítulo 2 aparece un extracto de la misma). Al final de ésta mencioné la idea de traducir al inglés algunas de sus obras sobre buddhismo y consumo de carne. A Rimpoché le agradó la idea y dijo que podía disponer de los textos originales que él utilizara a la hora de componer sus propios trabajos. Le dije que intentaría regresar al cabo de unos pocos años para completar el proyecto, cosa que sucedió cuatro años más tarde.

Descubrí que Chatral Rimpoché también era autor de otros textos excelentes, como "Los beneficios de salvar las vidas de otros seres" y "Oración para evitar la guerra nuclear". Así pues, este libro se amplió, incluyendo una recopilación de las enseñanzas de Rimpoché y un relato de la historia de su vida. Las selecciones de los escritos de Rimpoché que aparecen aquí incluidas fueron traducidas por mí mismo, a menos que se advierta lo contrario. La traducción del ensayo de Rimpoché "Sobre comer carne", a cargo de Geshe Thupten Phelgye y Aaron Gross, ha sido revisada. La traducción de Adam Pearcey de los "Consejos" de Rimpoché, también incluye algunas revisiones menores.

Éste es el primer libro originalmente traducido al inglés de este hombre maravilloso, aunque probablemente no el único. ¡Que gracias a su gran ejemplo, puedan todos los seres realizar el estado más elevado de perfecta Iluminación!

ZACH LARSON

AGRADECIMIENTOS

En primer lugar y sobre todo, mi inconmensurable gratitud para con Chatral Rimpoché por su infinita compasión al ayudar a los seres de esta era degenerada. Tsetan Chonjore y Thinley Dhondrup ofrecieron su amable ayuda en la traducción de "Recomendación para los practicantes Ñingma". Muchas gracias a Matthieu Ricard por su cálido apoyo y a Jeanne Larson por su gran trabajo de corrección. Mi más sincero aprecio para Shyalpa Rimpoché, su sabiduría infinita, y el sangha de Rangrig Yeshe, por ser mi refugio. Gracias a Adam Pearcey y Eric Pema Kunsang por su inspiradora amabilidad. Esta obra se completó cerca de la cueva de Guru Padmasambhava en Yangleshöd, Nepal, a quien siempre le estaré agradecido por sus infinitas bendiciones.

INTRODUCCIÓN

Según la escuela Vajrayana del buddhismo tibetano, la naturaleza de la realidad puede describirse como vaciedad, siendo la compasión su esencia nuclear. El símbolo del *vajra* –del que la escuela toma su nombre– representa la acción compasiva. Este símbolo es el pináculo de la corona con la que aparece Chatral Rimpoché en la fotografía de la portada, implicando que una gran compasión es la energía esencial que subyace a todos sus actos.

Chatral Rimpoché encarna el voto del *bodhisattva* –ayudar a todos los seres en ésta y en todas las vidas futuras a realizar la iluminación–, pues se implica incansable en actividades compasivas para ayudar de manera imparcial tanto a seres humanos como a animales. No sólo se abstiene de dañar a los seres –manteniendo una estricta dieta vegetariana–, sino que también salva cada año las vidas de incontables seres, dándoles la oportunidad de morir en paz y conseguir un renacimiento más elevado y una posibilidad mejor de realizar la iluminación en la próxima vida.

Las enseñanzas del linaje Ñingma que conserva inmaculadas Chatral Rimpoché cuentan con una larga tradición de compasión que trasciende las limitaciones humanas normales. Sin embargo, pocos son los que han llevado tan lejos su dedicación al ideal del *bodhisattva* como Chatral Rimpoché. Patrul Rimpoché (1808/1887), el gran maestro que fue a su vez el maestro del maestro raíz de Chatral Rimpoché, encarna cualidades similares. Se cuenta que Patrul Rimpoché viajaba con una viuda pobre a una aldea de la región del Kham, en el este del Tibet, ayudándola a cocinar y a cuidar de sus hijos, incluso cargando con ellos a la espalda mientras caminaban. Al llegar a la aldea, Patrul Rimpoché se excusó diciendo que tenía asuntos que atender. La viuda se enteró de que un gran lama daba una charla aquella noche en el monasterio local y se quedó de piedra al ver a su compañero de camino ¡sobre un trono instruyendo a una vasta asamblea! El lama pidió que todas las ofrendas que se realizasen al final de la enseñanza se le entregasen a la pobre viuda.

El Buddha Shakyamuni también es famoso por su compasión infinitamente vasta. En una historia acerca de sus vidas pasadas aparece ofreciendo su cuerpo como sustento de una tigresa hambrienta con varios cachorros que alimentar. Como príncipe Siddhartha salvó la vida de un cisne al que su hermano atravesó con una flecha, retirando la misma y cuidándole hasta que sanó. El nombre completo de Chatral Rimpoché es Chatral Sangye Dorje Rimpoché. *"Sangye"* es la palabra tibetana para "buddha" y *"Dorje"* significa *vajra* (un indestructible cetro de diamante). Es indudable que la compasión de Chatral Rimpoché iguala a la del propio Buddha Shakyamuni.

No puede realizarse la iluminación sólo a través de la comprensión de las enseñanzas del Buddha en la propia mente; es necesaria una gran compasión. Hay un relato que hace referencia a Asanga –el fundador de la escuela Yogachara del buddhismo Mahayana– que muestra la importancia de la compasión para alcanzar la realización. Asanga se dedicó a la práctica del Buddha Maitreya durante doce años, con la esperanza de tener una señal o visión de éste. Como esa visión no acababa de llegar, se desanimó y emprendió camino de regreso hacia su población natal. En el camino vio a un perro enflaquecido y lisiado infestado de gusanos. Asanga se sintió desbordado de compasión y se tajó un trozo de su propia carne para alimentar al perro. Quiso apartar a los gusanos, pero sin dañarlos, así que para ello decidió utilizar su propia lengua. Al cerrar los ojos y sacar la lengua se le apareció súbitamente el Buddha Maitreya, ocupando el lugar del can. El Buddha Maitreya dio a Asanga las enseñanzas que éste esperara, porque a través de este acto de gran compasión demostró estar finalmente preparado para recibirlas.

Las "cuatro inconmensurables" –benevolencia ilimitada, compasión ilimitada por todos los seres, alegría ilimitada (por la felicidad ajena) y ecuanimidad ilimitada (deseo de ayudar a todos los seres independientemente de su tamaño o posición)– son el fundamento del buddhismo Mahayana y del camino del *bodhisattva*. En los ensayos y oraciones que aparecen en este libro, Chatral Rimpoché trata de las "cuatro inconmensurables". En "Los beneficios de salvar las vidas de otros seres" describe el camino de la benevolencia. En "Sobre comer carne" urge a los buddhistas a considerar a los animales con compasión y evitar consumir su carne. En "Oración aspirativa de Thangtong Gyalpo por la liberación de los peces" nos ofrece una práctica para cultivar la alegría al ayudar a los indefensos. En "Recomendación para los practicantes Ñingma" describe la ecuanimidad en sus distintos aspectos: considerar que todos los seres han sido nuestros padres en vidas pasadas y recordarnos que cualquiera puede llegar a realizar las enseñanzas del Buddha si vive según el Dharma, no sólo los monjes o lamas de elevada posición.

Chatral Rimpoché es nonagenario, pero continúa realizando actos de compasión sin pausa. Que todos se sientan inspirados a fomentar la compasión en su propia práctica espiritual a través de sus maravillosas enseñanzas y del ejemplo de su sorprendente vida tal y como aparece relatada en este libro. Que todos los que han tomado el voto del *bodhisattva*, o piensen hacerlo en el futuro, sigan la misma elevada pauta de Chatral Rimpoché a la hora de ayudar a todos los seres con una benevolencia firme y rotunda. De este modo, la oración "Que todos los seres realicen la iluminación perfecta e incomparable" pueda un día hacerse realidad.

1. CHATRAL RIMPOCHÉ
UNA VIDA DE LEYENDA

Kyabje[1] Chatral Dorje Rimpoché es uno de los yoguis buddhistas tibetanos más realizados actualmente vivos. En 1947
ocupó la elevada posición de maestro espiritual principal del
líder político del Tibet, el regente Reting, pero siempre pre-
firió vivir como un humilde yogui en una sencilla morada,
sin las distracciones de fama y fortuna. Practica lo que pre-
dica sin compromisos y el resultado de ello es que es bien-
amado a través de toda la región himalayense por gentes de
todas las fes.

Rimpoché nació en 1913 en el valle de Nyak Adzi, en el
Kham, Tibet, en una piadosa familia perteneciente al grupo
tribal abse: su padre fue Pema Döndrub y su madre Sönam
Tso. El día posterior a su nacimiento,[2] un lama local llamado
Asey Bigo Tulku Ñima Gyaltsen se acercó al hogar de Pema
y Sönam para hablarles de una visión que había tenido el día
anterior acerca de la aparición de Rimpoché, en la que un
burro blanco cargado de escrituras buddhistas llegaba ante la
casa de Pema y Sönam, a quienes entregaba los textos. A raíz
de esta visión llamó al recién nacido Trogyal Dorje, que significa "Furioso y Victorioso Adamantino".

La familia de Chatral Rimpoché se trasladó al Amdo con
su grupo tribal cuando él era un niño. A los 15 años de edad,
Rimpoché decidió dejar a su familia para estudiar y practicar
buddhismo con los maestros de la región. Este acto de renuncia señaló el inicio de su periplo de por vida como yogui des-

apegado en busca de la iluminación a cualquier precio a fin de ayudar eficazmente a los demás seres con compasión. Desde el principio, Rimpoché se basó en firmes principios, viajando exclusivamente a pie y rechazando monturas cuando se le ofrecían. Permaneció solo en ermitas, grutas o en su pequeña tienda a fin de evitar implicarse en las vidas de los cabezas de familia y sus preocupaciones mundanas.

El siguiente texto del maestro Kyabje Dudjom Rimpoché, de la escuela Ñingma, extraído de su *Practice of the Mountain Retreat Expounded Simply and Directly in Its Essential Nakedness*, parece ser el código ético del yogui según el que ha vivido Chatral Rimpoché desde que dejase su hogar:

> «Se dice: "Cuando uno abandona su patria realiza la mitad del Dharma". Así pues, deja tu patria atrás y vaga por países desconocidos. Sepárate de tus amigos y familiares de forma afable, ignorando a quienes tratan de disuadirte de que practiques el Dharma. Renuncia a tus posesiones y depende únicamente en las limosnas que te den. Comprendiendo que todas las cosas deseables son los obstáculos relacionados con los malos hábitos, desarrolla una mente desapegada. Si —respecto a las posesiones y demás— no sabes cómo contentarte con poco, una vez que obtengas una querrás dos, y al demonio engañoso de los objetos deseables no le costará mucho penetrar en tu vida...
>
> Debes llevar todas las relaciones por el Camino, tanto aquéllas con gente que te considera y trata bien, como las de aquéllos a quienes no gustas y te maltratan; buena o mala, no te preocupes por nada, acéptales con deseos puros y bondadosos. Mantén continuamente tu moral interna alta, sin perder coraje, y externamente, en el sendero de la acción, permanece humilde. Viste ropa vieja. Considera a todo el mundo —bueno, malo o neutral— como superior a ti. Vive con frugalidad y permanece tranquilo en ermitas de monta-

ña. Concentra tu ambición en la condición de un mendigo...
Deberás cultivar la meditación continuamente, incluso una
vez que haya penetrado en tu mente; de otro modo, las instrucciones profundas se quedarán en las páginas de los
libros, y tu mente, tu Dharma y tu práctica se tornarán
insensibles, de manera que nunca se manifestará en ti la
genuina meditación. Vosotros, los meditadores competen-
tes, que todavía sois novicios en la práctica, ¡cuidado!, pues
existe el peligro de que muráis con la cabeza incrustada de
sal».[3]

Chatral Rimpoché recibió transmisiones del ciclo de los *termas*[4] de Terton Dudjom Lingpa (1835/1903) del hijo de Terton, Dorje Dradül (1891/1959). Rimpoché pasaría a ser más
tarde el Regente Vajra o Gran Detentador del linaje de este
ciclo de enseñanzas, conocido como Dudjom Tersar.[5] Otro de
los primeros y principales maestros de Rimpoché fue Khandro Dewai Dorje (1899/1952), nuera de Terton Dudjom
Lingpa. Transmitió a Rimpoché el ciclo de enseñanzas termas de Sera Khandro, pasando también a ser el principal
ostentador del linaje de esta tradición.[6]

En aquella época, Chatral Rimpoché encontró a su *guru*
raíz, Khenpo Ngawang Palzang (1879/1941) del monasterio
de Kathok.[7] El gran Khenpo fue el discípulo del corazón del
principal estudiante de Patrul Rimpoché, Lungtok Tenpai
Ñima (1829/1901),[8] considerado una manifestación del
maestro Dzogchen[9] del siglo IX Vimalamitra. Khenpo Ngakchung dio a Chatral Rimpoché muchas enseñanzas y transmisiones –en especial la de la tradición Longchen Ñingthig–[10]
y durante los seis años siguientes Rimpoché estudiaría con él,
completando su *ngöndro*[11] y practicando *trekchöd*[12] y *tögyal*,[13]
que son algunas de las prácticas más avanzadas del Dzogchen. Rimpoché también estudió en el monasterio de Kathok
con otros maestros, además de con el gran Khyentse Chökyi

Lodrö (1893/1959)[14] del monasterio de Dzongsar, que (al igual que el de Kathok) se encuentra en la región de Derge del Kham.

Khenpo Ngawang Palzang supo que Rimpoché era muy especial y le reconoció como su discípulo más próximo, explicando que, «su mente y mi mente no son distintas».[15] Le concedió el nombre de Chatral Sangye Dorje, que significa "Buddha Indestructible que ha Abandonado todas las Actividades Mundanas".

La primera vez en que se reveló en público la grandeza de Chatral Rimpoché fue con motivo de un importante servicio de culto en el monasterio de Kathok, al que asistían varios lamas importantes que ocupaban elevados tronos. Rimpoché se sentaba en la parte de atrás, sobre un sencillo cojín de meditación, con otros cuantos centenares de monjes. Durante el servicio, Khenpo Ngawang Palzang señaló:

> «Entre todos los que os halláis aquí hoy, hay menos de diez que han alcanzado una décima parte de mi realización. Luego, hay menos de cinco que tengan la mitad de mi realización. Finalmente, hay una única persona presente cuya realización no es distinta de la mía, y es Chatral Sangye Dorje. A partir de ahora puede representarme para transmitir las enseñanzas, y sus méritos son iguales a los míos».[16]

Esta declaración provocó una conmoción en la sala de reunión, tras lo cual todo el mundo se acercó para felicitar a Rimpoché. Se iniciaron los preparativos para celebrar una gran ceremonia a fin de honrar a Rimpoché en su nueva posición. Pero Rimpoché no era alguien que gustase de tantas atenciones y alabanzas, así que se escabulló en mitad de la noche con su tienda para continuar su práctica a solas en los páramos. Al día siguiente, cuando llegaron para honrarle hallaron su habitación vacía sin ninguna pista de hacia dónde se dirigiera. Una vez más, hizo honor a su nombre de Chatral, que podría traducirse como "ermitaño".

Chatral Rimpoché explicó en una ocasión: «moramos en ninguna parte, sin poseer nada».[17] En su sentido esencial se trata de una profunda declaración acerca de la impermanencia de la vida y de la vaciedad de todas las cosas. En el sentido convencional, así es como los yoguis como Chatral Rimpoché vivían en el Tibet. Sin casa ni posesiones que pesen en la mente, uno es totalmente libre para practicar el Dharma. En cuanto a la aparente adversidad de las incomodidades físicas y la alimentación irregular, explicó Dudjom Rimpoché: «cuando la realización se torna tan vasta como el espacio, todas las condiciones adversas surgen como amigas».[18]

En 1947, el rey-regente del Tibet, Reting, que fue el líder político del país hasta que el actual Dalai Lama alcanzó la mayoría de edad, pidió enseñanzas a Khenpo Ngakchung, que le dijo: «Soy ya demasiado viejo para transmitirte ninguna enseñanza. Pero tengo un discípulo cuya mente y realización son iguales que las mías. Se llama Chatral Sangye Dorje. Puedes pedirle a él enseñanza».[19]

El regente Reting buscó a Chatral Rimpoché por todas partes y le halló meditando en una remota gruta en la montaña. Al escuchar su petición, Rimpoché contestó: «Lo siento, no hay nada especial en mí y no tengo nada que enseñarle. ¡Por favor, busque enseñanza en otra parte!».[20] El regente sacó entonces una carta de Khenpo Ngakchung que apoyaba su petición, y así fue como Rimpoché, a regañadientes, convino en ir a Lhasa para enseñar al regente Reting.

A Lhasa llegaban gentes de todas partes para conocer a Rimpoché y recibir sus enseñanzas y bendiciones. Entre aquella gente había lamas de alta condición, líderes políticos y laicos normales, que realizaron muchas ofrendas a Rimpoché. Naturalmente, todas esas atenciones le parecieron una distracción para su desarrollo espiritual. Pidió disponer de cierto tiempo para meditar en una zona remota, alejada de Lhasa. El regente estuvo de acuerdo y envió un gran séquito de sirvientes y guardias para escoltar a Rimpoché en su viaje. Cuando llegaron al lugar, Rimpoché pidió al grupo que regresase a Lhasa, para poder meditar en soledad. El regente no quería que su maestro permaneciese solo, así que volvió a enviar algunos guardias para localizar a Rimpoché. Por el camino se cruzaron con un pobre mendigo que llevaba regios hábitos de brocado. ¡Chatral Rimpoché había cambiado sus ropajes cortesanos por los harapos de un mendigo, como un auténtico yogui!

Otro de los grandes maestros espirituales que aparecerían en la vida de Chatral Rimpoché sería Kyabje Dudjom Rimpoché, Jigdral Yeshe Dorje, una encarnación de Terton Dudjom Lingpa.[21] Dudjom Rimpoché le transmitió a Chatral Rimpoché el ciclo completo de las enseñanzas Dudjom Tersar, nombrándole regente Vajra de la tradición. Escribió lo siguiente acerca de Chatral Rimpoché:

«A todos los que están dotados de sensibilidad –seres grandes y pequeños– que viven y dan vueltas por los reinos de la existencia; en este momento, el Poseedor del Conocimiento Trogyal Dorje [Chatral Rimpoché] ha recibido de mí las instrucciones orales del linaje de la profunda enseñanza, la esencia del corazón de las *dakinis*.[22] Le he confiado el linaje del significado, iniciado como la persona que actúa como mi regente para guiar a los seres y animado a que gobierne la nave de los discípulos por el camino de la libertad.

Por ello, cualquiera que sean los dioses, demonios o humanos que ayuden a Trogyal Dorje de manera adecuada obtendrán beneficios y felicidad en ésta y en sus futuras existencias. Sin embargo, si contra él se manifestase el menor asomo de pensamiento o acto de animosidad maliciosa, los ejércitos de los imperiosos guardianes de la doctrina –dotados de poder iracundo y de ojos de sabiduría– acudirían en su ayuda. Con toda seguridad cercenarán la fuerza vital de los seres que tengan forma o bloquearán los sentidos de los informes, borrando todo rastro de ellos. Como existe igualdad de oportunidades de provecho y de pérdida, hay que ser extremadamente cuidadoso».[23]

Chatral Rimpoché se convirtió en el discípulo del corazón de Dudjom Rimpoché y se hizo cargo de su responsabilidad como regente del Dudjom Tersar con mucha seriedad, protegiendo a su preciado maestro y a su linaje de influencias corruptas.

Un día de principios de la década de 1950, Dudjom Rimpoché recibía una iniciación de un terma de la tradición Chokgyur Lingpa de Tulku Urgyen Rimpoché, cuando llegó Chatral Rimpoché. Tulku Urgyen Rimpoché era relativamente desconocido en esos tiempos y Chatral Rimpoché sospechó acerca de su cualificación para poder dar una iniciación a su amado maestro. Tulku Urgyen Rimpoché describe su encuentro con Chatral Rimpoché:

«Nuestra conversación empezó de la manera siguiente:
–¡Usted, lama! ¿De dónde es? –preguntó Chatral Rimpoché con brusquedad.
–Soy de Nangchen.
–¿De qué parte de Nangchen?
–Soy descendiente de Chokgyur Lingpa.
–He estado en Tsikey y no le vi allí.
–No siempre estuve en Tsikey.
–Entonces, ¿de dónde es? ¡Venga, dígalo ya!
–Könchok Paldrön, la hija de Chokgyur Lingpa, tuvo cuatro hijos. Uno de ellos fue mi padre.

–Ya... He oído que se suponía que era usted sobrino de Neten Chokling. Le conozco de Dzongsar, adonde iba a visitar a Dzongsar Khyentse, pero nunca me dijeron que tenía un sobrino lama. Ahora me entero de que *nuestro* Dudjom Rimpoché está recibiendo las *Tres secciones*[24] de dicho sobrino, y todos sabemos que muchos de los por así llamarlos, lamas de Khampa vienen al Tibet central para sacar provecho con sus trucos. Así que me pregunto si no será usted otro de esos...

No dejaba de mirarme con sus grandes ojos encendidos.

–Muchos lamas del Khampa vienen aquí a engañar a la gente ofreciendo iniciaciones sin tener linaje para darlas.

Dudjom Rimpoché, que se hallaba allí mismo sentado, entró en la conversación y dijo:

–Fui yo el que le pedí que me diese esa transmisión.

Y enseguida [Dudjom y Chatral Rimpoché] empezaron a contar un chiste tras otro. Chatral Rimpoché se volvió hacia mí y con una sonrisa burlona dijo:

–Vale, entonces me imagino que no es un timador. Puede seguir adelante y darle la iniciación.»[25]

Chatral Rimpoché pasó gran parte de su tiempo practicando en grutas bendecidas por Guru Padmasambhava,[26] el fundador del buddhismo tibetano y origen de las enseñanzas termas que conforman la base de muchos de los linajes de la escuela Ñingma.[27] Chatral Rimpoché está considerado como la manifestación de la mente de Guru Padmasambhava, basándose en las profecías acerca de la aparición de Rimpoché y de su demostrada sabiduría.[28]

A finales de la década de 1950, Chatral Rimpoché se trasladó al Bután. No se vio obligado a hacerlo por los acontecimientos del 10 de marzo de 1959, como tantos otros tibetanos,[29] sino que se dirigió al Bután por voluntad propia. Ello puede indicar ser manifestación de la mente de Guru Padmasambhava, ya que Guru Rimpoché predijo que el pueblo tibetano sería desplazado de su tierra natal con el adveni-miento de la era moderna, y Chatral Rimpoché parecía saber que había llegado el momento de dirigirse a otras zonas del Himalaya.[30] Cuando se le preguntó sobre cómo fue el viaje, sonrió y respondió: «totalmente libre, ligero y feliz».[31]

Chatral Rimpoché viajó a la vecina región himalayense de Darjeeling, donde restauró un sencillo templo, convirtiéndolo en un centro de retiros de meditación de tres años para la prác-tica Longchen Ñingthig. Aquél fue el primer centro de ese tipo construido por un tibetano fuera del Tibet. A continuación Rimpoché realizó algunas de las principales peregrinaciones a importantes lugares del buddhismo en la India. Mientras visi-taba en 1960 el lugar donde el Buddha realizara la ilumina-ción, tomó el firme propósito de que pasaría a convertirse en una famosa parte de su identidad. Dijo: «fui a Bodhgaya y tomé el voto ante todos los buddhas y *bodhisattvas* de dejar la carne y el alcohol».[32] Rimpoché es bastante singular en su dis-ciplinada postura en este tema y eso forma parte de lo que lo hace tan venerable para quienes le conocen.

Unos cuantos años más tarde conoció a Kusho Kamala, hija de Terton Tulzhok Lingpa, que se convertiría en su *sang-yüm*.[33] Tienen dos hijas, Saraswati y Tara Devi. Saraswati es su asistenta principal y habla un inglés muy fluido. Se la con-sidera una emanación de la *dakini* Sera Khandro.

En 1968, encontrándose en Darjeeling, Chatral Rimpoché tuvo un famoso encuentro con el monje trapense Thomas Merton, un avanzado practicante zen muy apreciado por otros buddhistas. Merton escribió sobre el encuentro:

«... y estaba Chatral, el más grande Rimpoché que conocie-ra y una persona muy impresionante. Chatral Rimpoché tenía el aspecto de un vigoroso y viejo campesino, con una chaqueta butanesa de cuello abrochado con correas y un gorro rojo de lana en la cabeza. Llevaba la barba crecida de una semana, tenía los ojos brillantes, un vozarrón y se expresaba con facilidad. Empezamos hablando de meditación Dzogchen y Ñingma y de "realización directa", y nos dimos cuenta enseguida de que nos entendíamos muy bien. Debimos estar hablando durante más de dos horas, tratando todo tipo de temas, sobre todo girando en torno al Dzogchen, pero también hablando sobre algunas cuestiones de doctrina cristiana comparadas con el Dharmakaya buddhista,[34] la ascensión de Cristo, el sufrimiento, la compasión hacia todas las criaturas, los motivos para "ayudar a los demás"... pero todo nos conducía de vuelta al Dzogchen, la vaciedad esencial, la unidad de *shunyata* [vaciedad] y *karuna* [compasión], yendo "más allá del Dharmakaya" y "más allá de Dios" hasta la perfecta vaciedad esencial.

Dijo que había meditado en soledad durante treinta o más años y que no había realizado la perfecta vaciedad, y yo le dije que tampoco. El mensaje tácito de la conversación radicaba en nuestra total comprensión del otro como alguien que estaba de alguna manera al borde de una gran realización y que lo sabía, y que , de una u otra manera, intentaba salir y perderse en ella... Y que para ambos fue una bendición conocernos. Espero poder ver más a Chatral. Se echó a reír y me llamó Rangjung Sangay (que parece ser que significa ser un "buddha natural"), y dijo que a él le habían puesto Sangay Dorje. Me escribió "Rangjung Sangay" en tibetano y dijo que cuando entrase en el "gran reino" y en "el palacio", América y todo lo que ésta contenía me parecería nada. Me dijo, seriamente, que tal vez él y yo realizaríamos la buddheidad total en nuestras próximas vidas, tal vez incluso en ésta, y la nota de despedida consistió en una especie de pacto de que ambos haríamos todo lo posible para conseguirlo en esta vida. Me sentí muy conmovido, porque es claramente una gran persona, un auténtico practicante de Dzogchen, el mejor de los lamas Ñingmapa, caracterizado por una simplicidad y libertad totales... Si tuviera que seguir a un guru tibetano, creo que elegiría a Chatral».[35]

Más adelante, a Merton se le escuchó decir: «Es el hombre más grande que he conocido. Es mi maestro».

Chatral Rimpoché se ha mostrado incansable en su estudio y práctica. En la India recibió enseñanzas de Kalu Rimpoché, que sería muy amigo suyo, y del XVI Karmapa, Rangjung Rigpe Dorje. Recibió enseñanzas de un total de más de cien maestros, de muchas tradiciones del buddhismo tibetano. La amplitud de su erudición queda bien patente en sus escritos, en los que cita textos de una miríada de tradiciones para apoyar las cuestiones de las que tratan sus ensayos.

Chatral Rimpoché ha fundado o restaurado centros de retiro de meditación en Bután, la India y Nepal, así como supervisado la construcción de diversos *stupas*.[36] Dudjom Rimpoché consagró el centro de Rimpoché en Darjeeling en 1962, y unos diez años más tarde le ayudó a abrir un centro en Yangleshöd, Nepal, que consideró un lugar muy auspicioso, pues Guru Padmasambhava llevó a cabo importantes prácticas en el lugar. Este monasterio, que se alza en la periferia del valle de Katmandú y se le conoce como Rigzin Drubpe Ghatsal, "Alegre Bosquecillo en el Lugar de la Realización del Glorioso Poseedor del Conocimiento Intuitivo", fue una de las principales residencias de Rimpoché durante muchos años. Comparado con muchos otros lamas que viven en lujosas y espaciosas estancias, el alojamiento de Rimpoché en este lugar era increíblemente humilde y acogedor.

En la región himalayense hay muchos miles de personas que consideran a Chatral Rimpoché su *guru* raíz porque, merced a su acción compasiva y profunda sabiduría, es una encarnación perfecta de las enseñanzas del Buddha. Pero es muy selectivo acerca de a quién ofrece enseñanzas. Es totalmente consciente de que la mayoría de las personas que le piden enseñanza no es tan seria en su práctica como lo es él, así que no se molesta en desperdiciar el preciado néctar de sus enseñanzas sobre recipientes poco adecuados. Así lo explica Rimpoché: «existen tres tipos de practicantes del Dharma: en primer lugar están los que parecen practicantes externamente pero que internamente no lo son realmente; luego están quienes hablan mucho pero sin tener realización alguna, y en tercer lugar están quienes no parecen practicantes externamente, pero que en realidad son genuinos practicantes en su interior».[37] Por ello Rimpoché no transmite ninguna enseñanza de nivel avanzado a quienes no han estudiado con él por lo menos seis años, el tiempo suficiente para demostrar ser practicantes genuinos.

Los occidentales son especialmente sospechosos a este respecto. Son muchos los que llegan ante Rimpoché en busca de las enseñanzas esenciales del Dzogchen sin estar ni remotamente cualificados para recibirlas o comprenderlas. Hay una historia acerca de alguien rico de los Estados Unidos que puso un montón de fajos de dólares frente a Rimpoché, diciendo que si le daba las enseñanzas Dzogchen, él le entregaría a cambio todo aquel dinero. Rimpoché le conminó a que se llevase su dinero, sin darle enseñanza alguna. Las sagradas enseñanzas no pueden comprarse con sobornos, desde luego; hay que ganarse el derecho a recibirlas.[38]

En la tradición Longchen Ñingthig no es infrecuente que se trasmitan enseñanzas de nivel avanzando tan sólo a uno o dos de los discípulos más dedicados o dotados de un maestro. El *guru* raíz de Khenpo Ngawang Palzang, Nyoshul Luntok, transmitió algunas de las enseñanzas e iniciaciones Longchen Ñingthig sólo al gran Khenpo. Ese tipo de enseñanzas se consideran secretas y se preservan a través de una transmisión directa entre un maestro realizado y un discípulo totalmente cualificado.

Yün Kusho-la, una admirable practicante, consorte de Tulku Urgyen Rimpoché, fue alguien así, preparada para recibir las profundas enseñanzas de Chatral Rimpoché. A continuación aparece un relato sobre esta transmisión de enseñanzas, que tuvo lugar en los últimos días de la vida de ella, y que fue escrito por su hijo, Chökyi Ñima Rimpoché:[39]

«Chatral Rimpoché... vino a verla. Ella sentía mucha devoción por él. Le pidió una *wong* [iniciación] Vajrasattva y rogó que le enseñase "Las cuatro partes sin una tercera".[40] Éste es el aspecto esencial del *trekchöd*. Él enseñó durante largo tiempo. Por desgracia no grabamos las enseñanzas, pero puede que él no hubiera querido que lo hiciésemos. No obstante, la enseñanza fue muy larga y clara. Al final Chatral Rimpoché dijo: "Muy bien, ahora fundamos nuestras mentes. Descansemos en la ecuanimidad". Todos sabíamos –sobre todo los médicos– que mi madre estaba muy débil, pero en aquel momento dijo "AH" con voz potente. Sus ojos estaban totalmente abiertos. No había señal alguna de dolor; en lugar de ello parecía estar muy relajada. Miré el reloj. Permaneció en ese estado durante cinco minutos. A mí me preocupaba que pudiera estarse muriendo. Pensé: "no pasa nada". Miré a Chatral Rimpoché, que seguía allí, tranquilamente sentado en meditación. Eso hizo que me relajase y comprendí que todos debíamos permanecer en *ripa*.[41]

Mi madre "regresó" al cabo de cinco minutos. Había permanecido observando las "cuatro partes sin una tercera" sin hablar. Después empezó a comunicarse y a dar las gracias a Chatral Rimpoché. Él dijo: "Me hace muy feliz que haya comprendido esta enseñanza. Sabía que era usted una buena practicante, pero no me había dado cuenta de que contase con ese nivel perceptivo tan elevado. Hoy lo he comprobado, y la respeto por ello, y me siento orgulloso de conocerla. Es usted un buen ejemplo para todo el mundo".

Más tarde, Chatral Rimpoché se reunió con mi padre y conmigo en otra habitación, para comer. Comimos y hablamos durante más de una hora. Mi padre no hizo muchas preguntas, pero yo le pregunté a Chatral Rimpoché: "¿Qué ha sucedido? ¿Qué es lo que ha experimentado mi madre?". Me miró circunspecto y dijo: "Algo maravilloso. Fundió tiempo y espacio. Sólo pueden hacerlo los practicantes más avanzados, sobre todo en una situación tan dolorosa como su enfermedad. Hoy me he dado cuenta de que Yüm Kusho-la es una practicante muy avanzada. Es un buen ejemplo para todos nosotros. Ahora manténgase a la expectativa. Habrá otras señales asombrosas. Sería muy conveniente que todos los que estuviesen relacionados con Yüm Kusho-la pudieran venir a verla, ofrecerle un echarpe blanco, hacer postraciones y pedir fundir su mente con la suya"».[42]

Chatral Rimpoché no dedica mucho tiempo a la enseñanza, ya que sólo un puñado de personas está cualificado para recibir enseñanzas como ésa. En lugar de ello, está siempre inmerso en virtuosa actividad, culminando con su famoso viaje anual a Calcuta, donde libera setenta camionadas de pescado vivo en una zona del océano Índico en la que está prohibida la pesca, rezando por cada uno de los peces. Recibe donaciones de todo el mundo para llevar a cabo este gran acto de compasión, que es el tema de uno de sus ensayos que aparece en este libro. Sin embargo, es muy comprensivo con los practicantes serios, desplazándose a sus distintos centros de retiro en cuanto puede para comprobar sus progresos. También ofrece orientación sin ningún problema a quienes van a verle siendo seguidores de otras fes. Hace poco, cuando un sacerdote anglicano le pidió una enseñanza, Rimpoché le dijo: «Decida qué es lo más importante que dijo Jesús, y viva de acuerdo con ello». Ése resultó ser el consejo más profundo que jamás recibiera el sacerdote, y le sirvió para profundizar su comprensión y su fe.

Chatral Rimpoché realiza apariciones para apoyar a sus discípulos a través de sueños y visiones. En 1997, al principio de un retiro de fin de semana en San Francisco, el lama Tharchin Rimpoché le contó a sus estudiantes que Chatral Rimpoché se le había aparecido en un sueño, pidiendo que tanto el lama Tharchin como sus estudiantes acumulasen un millón de recitaciones de la oración de siete líneas[43] de Guru Padmasambhava a fin de eliminar obstáculos que amenazaban la salud del lama Tharchin, beneficiar a todos los seres y ayudar a pacificar el mundo en esta era degenerada.[44]

En el año 2000, tras el año nuevo tibetano, cientos de píos buddhistas se reunieron en el centro de Yangleshöd de Rimpoché, provenientes de distintas partes de la región himalayense, solicitando bendiciones para el nuevo milenio. Acamparon en tiendas en las inmediaciones del monasterio y aguardaron pacientemente durante días. Rimpoché les impartió a todos ellos una iniciación de larga vida en el momento más auspicioso. Tras la iniciación el grupo entonó bellas canciones alabando las grandes actividades y la gloria de su sublime maestro, danzando henchidos de alegría.

El vasto conocimiento de Rimpoché no se limita únicamente a la filosofía buddhista. También es un experto en pintura de *thangkas*, música y danza ritual, así como en otros muchos temas. Lama Tsondru Sangpo, el pintor de thangkas, escribe:

> «Lo más importante [para mí] ha sido la continua orientación personal que he recibido de Chatral Sangye Dorje Rimpoché, mi protector espiritual en ésta y en todas las vidas futuras. Me bendice una y otra vez con unos consejos importantísimos pero poco conocidos acerca de cuestiones cruciales de la pintura de *thangkas*, y me ofrece una extensa y detallada instrucción sobre la forma específica y la postura de cada deidad en particular».[45]

Chatral Rimpoché es famoso por ser incorruptible y muy insistente a la hora de hacer las cosas de la manera correcta. En la tradición buddhista tibetana, cuando alguien muere, lo acostumbrado es dejar reposar el cadáver durante tres días, ofreciendo tiempo suficiente para que la consciencia deje el cuerpo y entre en un reino de Pureza o al menos consiga un renacimiento mejor. Según Sogyal Rimpoché: «[Chatral Rimpoché] le dice a quien se queja de que un cadáver huele si se deja al calor [durante tres días]: "No tienes que comértelo, ni siquiera venderlo"».[46]

En 2002 tuvo lugar un desgraciado incidente en uno de los centros de Rimpoché en la zona de Darjeeling. Un norteamericano que vivía en la India estudiando buddhismo tibetano hizo una visita a Rimpoché. Durante un servicio de oraciones, el hombre le pidió a Rimpoché una entrevista privada para hablar de "algo importante". Cuando Rimpoché se negó a ello, el hombre le saltó encima y empezó a estrangularlo. Aquel hombre fue reducido por los asistentes y discípulos de Rimpoché, pidiéndosele que dejase el lugar. El hombre siguió fuera de sí, y cuando consiguieron sacarle y echarle fuera de las puertas del centro, tuvo un ataque de cólera y empezó a lanzar insultos. Llegó la policía y se lo llevó, pero el incidente resultó muy traumático para todos los implicados y, como resultado, ahora a los occidentales les resulta más difícil conseguir una audiencia con Rimpoché si no le conocen de antes. El atacante pasó cierto tiempo en una institución mental antes de ser deportado de la India por atacar a otra persona en el sur del país un año más tarde. Resulta muy ilustrador de la clase de *bodhisattva* que es Rimpoché el hecho de que tanto él como su esposa, Sangyüm Kusho Kamala, llamasen al hombre cuando éste regresó a los Estados Unidos, preocupados por su bienestar.

La gran compasión de Rimpoché demuestra ser imperturbable incluso en las circunstancias más difíciles. La famosa

obra *Las treinta y siete prácticas de un bodhisattva*, de Ngul-
chu Gyalsas Thogmed Zangpo (siglo XIV), habla de la deci-
motercera práctica de un *bodhisattva* de la siguiente manera:

> «Aunque no seamos culpables de cometer ofensa alguna y
> nunca hayamos perjudicado a nadie en nuestra vida, si
> alguien perturbado nos amenaza porque le enloquece su
> mente atormentada, entonces, la práctica de un *bodhisattva*
> es desearle misericordiosamente que no sufra más desgra-
> cias a causa de su estado y aceptar generosamente los efec-
> tos de su acción.»[47]

A Chatral Rimpoché le han pedido sus estudiantes en reite-
radas ocasiones que escribiese un relato autobiográfico sobre
su vida. Para complacerles escribió las siguientes y poéticas
líneas:

CONTESTACIÓN EN TRES SÍLABAS

*Relato autobiográfico que contiene enseñanzas directas
que dan en el blanco, escrito así por un charlatán, que soy
yo mismo.*

¡Que el maestro espiritual y las Tres Joyas piensen en mí!
Soy un anciano, al final de mis ochenta y siete años y acer-
cándome a los ochenta y ocho. Muchas personas cercanas o
lejanas me han pedido: «Por favor, escriba un relato autobiográfico de su vida para ayudar a sus seguidores». Lo he
considerado como un obstáculo y una barrera para la liberación y no necesito escribir nada engañoso. Como nadie
conoce más del tema que yo mismo, actuaré como mi propio testigo y contestaré con esta composición: *Contestación
en tres sílabas*.[48]

Las tres cualidades de ética, *samadhi*,[49] y
comprensión intuitiva,
inmaculadas y acreditadas a través de la percepción directa,
como musgo seco, libre de la humedad de falsedad
pretenciosa,
me consumen en el espacio de ardiente fuego
con la radiante sílaba RAM.

Una fachada religiosa, la confusión de materialismo
y *Dharma*,
supe que no era amiga de una práctica eficaz,
así que arrojé las ascuas secas del engaño y la insensibilidad
al viento desde lo alto de la montaña, como la sílaba YAM.

Los dineros ofrecidos para los vivos y los muertos,
un obstáculo para la libertad,
y las elucubraciones para acumularlos, atesorarlos
e invertirlos en crear objetos sagrados,
decidí purificarlos en la clara corriente de la renuncia,
el desapego y la aversión,
con la sílaba elemental KHAM.[50]

La leyenda de Chatral Rimpoché seguirá viva sin duda
durante muchas generaciones. En 2003 fue honrado como
una de las figuras más influyentes de Nepal durante una
ceremonia celebrada en Katmandú. Como Rimpoché ya
está totalmente realizado, no le preocupaba que la atención
y las alabanzas de ese acontecimiento afectasen a su práctica, y acudió acompañado de muchos de sus estudiantes y
amigos. Demostrando que seguía siendo un yogui despreo-
cupado de corazón, llegó vistiendo un *topi* nepalí tradicional, ¡probablemente una primicia para un maestro buddhista tibetano!

A pesar de la adulación de muchos miles de la región himalayense, Rimpoché sigue tan humilde como siempre. En una ocasión dijo:

«Sólo soy un ser sensible normal y corriente, sin nada especial. No hago más que seguir las enseñanzas del Buddha. Sin engaños por mi parte, me alzo con firmeza sobre el terreno de la práctica del *Dharma*, ayudando a todos los seres sensibles. Deseo que todos los seres sensibles puedan abandonar los actos de autoengaño y presunción, para que puedan realmente practicar el *Dharma* a fin de liberarse a sí mismos del ciclo de la existencia y ayudar a su vez a otros seres sensibles. ¡De otro modo, cuando sientan remordimientos será demasiado tarde!»[51]

2. EL FIRME COMPROMISO ÉTICO DE CHATRAL RIMPOCHÉ

Chatral Rimpoché es famoso en la comunidad tibetana por su impecable disciplina espiritual, sobre todo en lo tocante a evitar el consumo de carne. Comer carne es un aspecto muy arraigado en la cultura tibetana, y son pocos los que pueden prescindir de su consumo durante largo tiempo. Su Santidad el Dalai Lama se hizo vegetariano en 1966, pero cuando contrajo hepatitis B sus médicos insistieron en que volviese a comer carne, algo que sigue haciendo actualmente con moderación. Unos pocos maestros contemporáneos –como Kangyur Rimpoché– también son estrictos vegetarianos, pero éstos tienden a ser la excepción.

Como estudiante del programa "Un año en Nepal" del colegio universitario Wisconsin-Madison, estudié de qué manera consideraban los tibetanos la convergencia cultural de buddhismo y consumo de carne. A continuación presento algunos fragmentos de mi entrevista con Chatral Rimpoché:[1]

ENTREVISTA CON CHATRAL RIMPOCHÉ

Pregunta: ¿Por qué decidió dejar de comer carne? ¿Qué edad tenía al tomar esta decisión?
RIMPOCHÉ: En muchos textos theravadines y mahayanistas aparece escrito que no hay que comer carne. También hay un texto del Vajrayana que dice lo mismo, que no hay que dis-

frutar de la carne o el alcohol. Por ello sigo las instrucciones del Buddha Shakyamuni. Al ser una persona religiosa, no consumo carne ni alcohol, y al mismo tiempo intento explicarle a otras personas que no deben consumirlos. Ésta es mi razón, que trato de motivar a otras personas. Tenía cuarenta y siete años cuando fui a Bodhgaya y tomé el voto ante todos los *buddhas* y *bodhisattvas* de dejar la carne y el alcohol.

Pregunta: ¿Por qué considera que el vegetarianismo es un aspecto importante de la práctica del Dharma?
RIMPOCHÉ: Consumir carne va contra los votos que uno toma al buscar refugio en el Buddha, el Dharma y el Sangha. Porque cuando comes carne has de quitarle la vida a otro ser. Por eso lo dejé.

Pregunta: Hay quien dice que uno puede ayudar a los animales que se come rezando por ellos, y que de este modo el consumo de carne es compasivo. Aparte de para los yoguis y lamas más realizados, ¿a usted qué le parece esta opinión?
RIMPOCHÉ: Es cierto que cuando se obtienen poderes sobrenaturales a través de ciertas prácticas meditativas hay algunos seres realizados que pueden revivir a los animales de entre los muertos y ayudarles a alcanzar un renacimiento más elevado o la iluminación al consumir pequeñas cantidades de su carne. Pero no se hace para alimentarse, sólo con el propósito de ayudar a ese animal. Personalmente carezco de ese poder y, por ello, nunca como carne. Consumir carne como parte de la dieta es muy distinto a comer carne para liberar a un ser mediante poderes sobrenaturales. Yo sólo soy un practicante normal y corriente que carece de esas cualidades. Así que si como carne sería igual que si lo haces tú o cualquier otro laico. Estaría cometiendo un pecado y acumulando mal *karma*. No pretendo contar por poderes especiales para así comer carne, por lo que me limito a evitarla.

Pregunta: ¿Conoce a otros lamas vegetarianos?
RIMPOCHÉ: Conozco a muchos del Tibet. En el Tibet hay vegetarianos Ñingmapa, Sakyapa y Gelukpa. Pero comparados con los numerosos lamas que consumen carne, los vegetarianos son pocos. Tengo 88 años y a lo largo de ese tiempo he conocido a muchos lamas en el Kham, el Amdo –en todo el Tibet– que no comen carne. Hay lamas que comen carne y hay lamas que no. En mi monasterio en el Tibet también hay unos que comen y otros que no.

Pregunta: En los Estados Unidos hay muchos practicantes buddhistas que comen carne porque sus lamas tibetanos así lo hacen. ¿Qué le parece?
RIMPOCHÉ: Muchos grandes *siddhas* de la India consumían enormes cantidades de alcohol y desarrollaban poderes mágicos. Uno de esos *mahasiddhas*, Virupa, bebía alcohol durante todo el día y suspendía el sol en el cielo, evitando que se pusiera.[2] Naropa y Tilopa fueron grandes maestros. Si adquieres poderes sobrenaturales, no necesitas seguir las reglas de la gente normal y puedes beber alcohol y comer carne. Quienes disponen de poderes sobrenaturales pueden seguir ofreciendo grandes enseñanzas y beneficiar a todos los seres sensibles. Todo depende del grado de realización que se ha alcanzado. Un lama que disfruta con la carne y el alcohol puede llevar a la gente por el camino correcto, siempre y cuando desarrolle poderes sobrenaturales.

Pregunta: ¿Le parece que el buddhismo tibetano en el exilio realiza sinceros esfuerzos por reducir su consumo de carne y hacerse vegetariano o el comer carne es algo muy arraigado en la cultura tibetana?
RIMPOCHÉ: En el Tibet sólo hay carne y *tsampa* [harina tostada de cebada], no hay otro alimento básico. El Tibet está a gran altura y el clima es túndrico. No hay mucha verdura ni

fruta. Una vez que llegas a Surasia no es necesario seguir la costumbre tibetana de la carne y el *tsampa*. Aquí hay muchas clases de frutas y verduras, suplementos alimenticios... Todo tipo de cosas. Hay de todo. Así que en realidad no hay por qué utilizar las costumbres tibetanas como excusa para consumir carne. Por mi propia experiencia sé que abstenerse de comer carne cuenta con muchas ventajas. Tengo 88 años y desde que dejé de comer carne he dejado de padecer enfermedades graves. Cuando duermo, duermo bien. Cuando me levanto puedo empezar a caminar inmediatamente. Cuando leo textos religiosos puedo comprenderlos con prontitud. Tengo muy buen oído y puedo escuchar con atención. Ésos son los beneficios que he experimentado al dejar la carne. No me he muerto ni me he puesto enfermo por dejar de comer carne; no he apreciado ninguna consecuencia negativa. Puedo viajar en automóvil, avión o tren sin marearme ni sentir náuseas, y nunca me ha dolido la cabeza. Soy un ser humano, de carne y hueso, como todos los demás, y soy la prueba de que dejar la carne no te enferma, como parecen creer muchos tibetanos. A partir de mi propia experiencia puedo decirte que desde que dejé la carne sólo me han sucedido cosas buenas.

Pregunta: Muchos tibetanos citan el fragmento de un sutra que dice que si uno no escucha, ve o sospecha que la carne se ha obtenido especialmente para él, entonces es aceptable consumirla. ¿Qué tiene que decir al respecto?
RIMPOCHÉ: Si no se ve matar al animal entonces es como robar algo sin que te cojan. De la misma manera, robar así también sería aceptable. Puedes decir algo sucio sin que te oigan... Como si necesitases una prueba para juzgar si se trata de un pecado o no. Lo que dicen no es correcto. No es posible matar, robar y realizar otras acciones negativas con impunidad. Aunque otra gente no te vea cometerlas, las dei-

dades, los buddhas y los *bodhisattvas* te ven hacerlas. Hay un dicho tibetano que afirma que aunque a uno no le pillen cometiendo un pecado, los dioses le están viendo todo el tiempo. Es imposible hacer algo sin ser visto... las deidades te están observando siempre. Ven y comprenden lo que haces... Saben que has ayudado a matar al animal al comprar la carne. Esa es mi respuesta.

Pregunta: Algunos monjes me han dicho que como al culti-var arroz y otras verduras se matan insectos, no hay ningu-na diferencia entre comer esos productos y comer carne. ¿Qué tiene que decir al respecto?
RIMPOCHÉ: Eso vendría a decir que no puedes comer nada y que deberías morirte de hambre. Si dices que vas a estar un mes sin matar insectos en la comida que consumes, entonces morirás. Si te mueres echas a perder esa preciada vida huma-na. Así que si dejas destruir tu cuerpo significa que estarás quitándote tu propia vida, que sería también matar. Siempre puedes quitar el insecto del arroz cuando lo veas y soltarlo fuera. No es obligatorio que tengas que matar seres para poder comer. Aunque cuando andamos aplastamos a muchos insectos bajo los pies, no les estamos viendo ni observándo-los, pero no obstante los estamos matando. No ser conscien-te no significa no cometer un pecado, porque después de todo, causa y efecto siempre están ahí.

Tras la entrevista, Rimpoché me dijo: «Hoy has venido a hacerme unas preguntas y yo te las he contestado. Eso ha estado muy bien. Estoy muy contento. Has grabado mi con-versación, así que podrás contársela a otras gentes. Ahora estamos en la gruta de Guru Padmasambhava. En este lugar intercambiamos preguntas y respuestas. Será estupendo que otras personas puedan escucharlas. Cuando hagas tu libro pon mi entrevista al principio. Gracias».

El monasterio de Rimpoché en Yangleshöd cuenta con dos avisos relativos al consumo de carne. El primero está en tibetano, nepalí e inglés, y es una de las primeras cosas que se ven al llegar al monasterio. De cuatro metros cuadrados de tamaño, dice: «EN ESTE MONASTERIO BUDISTA ESTÁ ESTRICTAMENTE PROHIBIDO EL CONSUMO DE CARNE, BEBIDAS ALCOHÓLICAS Y TABACO, ASÍ COMO LOS NAIPES Y OTROS JUEGOS DE APUESTAS».

Uno de los principales votos buddhistas es abstenerse de consumir intoxicantes, junto con abstenerse de matar, robar, mentir y una conducta sexual desordenada. No muchos buddhistas tibetanos se toman en serio este voto fuera del monasterio. Hace unos años tuvo lugar un incidente en el que pusieron una foto de un lama fallecido en la habitación de Rimpoché (probablemente algunos discípulos de dicho lama). Cuando Rimpoché vio la foto, dijo: «Esta persona era un alcohólico y rompió sus preceptos, no dejéis su foto en mi habitación; ¡lleváosla!». El asistente quitó la foto de su marco de madera y halló otra debajo, así que Rimpoché preguntó de quién se trataba y le dijeron que era el hijo del lama fallecido, que también era un bebedor empedernido. Así que Rimpoché dijo: «De tal palo tal astilla. ¡Llevaos las dos fotos!».[3] Respecto a fumar, Rimpoché dijo: «El principal defecto de fumar es que cerrará la puerta de Brahma en la coronilla de la cabeza. Así que en el momento de la muerte, resultará muy difícil la práctica de Phowa,[4] tratar de sacar la propia consciencia por ahí, tanto para liberarse del ciclo de la existencia como para ascender a los tres reinos superiores. Es absolutamente recomendable que todos los practicantes del Dharma –por su bien y el de los demás– ¡dejen de fumar!».[5]

El segundo aviso situado fuera de la zona principal de culto está en tibetano e inglés: «¿Cómo podemos practicar

auténtica compasión si consumimos la carne de un animal
para engordar la nuestra? Abandona ese sucio hábito por tu
salud, el medio ambiente y por los animales». Este gran cartel, protegido por un marco, fue escrito por un defensor de
los derechos de los animales en el monasterio de Dzogchen
del sur de la India y demuestra hasta qué punto Rimpoché
valora esta ética.

Pema, la hija del gran lama Ñingma, Tarthang Tulku Rimpoché, es una gran amiga de la familia de Chatral Rimpoché.
En una entrevista llevada a cabo en 2000, ofrecía amablemen-
te algunas ideas acerca de la importancia del vegetarianismo
respecto a la práctica de la compasión de Rimpoché:

> «Comer carne tiene mucha importancia en el radar espiri-
> tual de Chatral Rimpoché. Está muy conectado con los ani-
> males. Él los ama. Le encanta ver programas de fauna en la
> televisión. Su gran pasión hizo que dejase de comer carne.
> Emplea todo su dinero en salvar setenta camionadas de pes-
> cado en Calcuta. Ésa es su actividad anual más importante.
> Reza por cada cubo que echa al océano, intentando condu-
> cirlos a un renacimiento superior. En el Dharma, no es sólo
> una cuestión de no hacer algo –comer carne, por ejemplo–,
> sino de proteger activamente toda vida. Así lo vive Rimpo-
> ché. Está muy conectado, a un nivel muy vasto, con los
> seres sensibles y su sufrimiento.
>
> Rimpoché se siente atraído a lugares oscuros, pecamino-
> sos y criminales, a las zonas hinduistas de sacrificio de ani-
> males. En una ocasión nos llevó a su hija Saraswati y a mí
> misma. Por fuera era muy hermoso, con flores y bajorrelie-
> ves. Llevó algunos pájaros en una jaula y los liberó en lo
> alto del tejado. Luego llegamos al sitio donde sacrificaban
> las cabras. Al principio cerré los ojos, pero luego lo vi:
> cabras inocentes siendo asesinadas, y todo lleno de sangre.
> Me quedé horrorizada. Rimpoché caminó calmo por encima

de la sangre de la cabra como si estuviese practicando meditación andada. No parecía que aquello le perturbase lo más
mínimo. Creo que intentaba enseñarnos una lección: permanecer sin temor y pacientes frente al sufrimiento».

Sobre comer carne

Comer carne no está permitido según los tres votos: los votos
de liberación individual, los votos de *bodhisattva* y los votos
tántricos. Afirmó el Buddha: «nunca he aprobado, no aprue-
bo ni aprobaré una dieta de carne». Declaró: «mis seguidores no deben comer carne».[6]

En general, tanto el carnicero como el consumidor de la
carne sufrirán en reinos como los infiernos ardientes e hir-
vientes.[7] En el *Lankavatara Sutra*, el Buddha enseñó que
«matar animales para obtener provecho y comprar la carne
son dos actos malvados, de los que resultarán acciones como
un renacimiento en los horribles reinos infernales» y «quien
come carne en contra de las palabras del Buddha es un mal-
vado [y es el] destructor del bienestar de los dos mundos».
Además, el Buddha explicó:

> «Ninguna carne puede considerarse pura si se ha pedido o
> deseado premeditadamente; por lo tanto, absteneos de
> comer carne. Tanto yo como otros buddhas prohibimos a los
> adeptos que coman carne. Aquellos seres sensibles que se
> alimentan de otros renacerán como animales carnívoros. El
> carnívoro es hediondo, despectivo y nace carente de inteli-
> gencia. Pertenece a la clase más inferior de hombre. Como
> los buddhas, *bodhisattvas* y *shravakas*[8] han condenado el
> consumo de carne, el que sigue comiendo carne sin aver-
> gonzarse será privado de sentido. Quienes abandonen el
> consumo de carne renacerán como sabios y saludables brah-

manes. La carne que uno ha visto, oído o sospecha que proviene de algún animal sacrificado por su carne, debe ser rechazada. Los teóricos nacidos carnívoros no lo comprenderán. Esa gente hará absurdos comentarios sobre comer carne, diciendo: "Está bien comer carne, no es objetable y está permitido por el Buddha". Un adepto disfruta de alimentos vegetarianos en cantidad apropiada y considera la carne como un alimento tan inapropiado como la carne de un hijo. A aquellos que moran en la compasión, les prohíbo comer carne en todo momento y en cualquier circunstancia. Comer carne es un acto horrible y evita el progreso hacia el Nirvana. Abstenerse de comer carne es señal de sabiduría».[9]

En el *Parinirvana Sutra*, el Buddha habló a su discípulo Kashyapa, diciéndole:

> «Hijo bendito, a quienes disponen de la atenta vigilancia de los *shravakas* no les está permitido comer carne a partir de ahora. Aunque a uno le ofrezcan carne con una fe genuina, deberá considerarla como la carne de un hijo».

El *bodhisattva* Kashyapa le preguntó al Buddha: «Señor, ¿por qué no permitís comer carne?». El Buddha contestó:

> «Hijo bendito, comer carne impide el desarrollo de la compasión; por lo tanto, todos los que siguen el camino del Buddha deben dejar de comer carne desde este momento. Kashyapa, siempre que un comedor de carne se tiende, se sienta o camina, hay otros seres sensibles que tienen miedo al olerle. Hijo bendito, al igual que cuando un hombre come ajo hay otros que se mantienen alejados a causa de su mal olor, también cuando los animales olfatean a un carnívoro temen la muerte...»

Kashyapa le preguntó al Buddha: «Señor, como los monjes, monjas y novicios dependen de otras personas para su alimento, ¿qué deben hacer cuando se les ofrezcan alimentos con carne?». El Buddha contestó a Kashyapa:

> «Separar los alimentos y la carne, lavarlos primero y luego comerlos. Podéis utilizar el cuenco mendicante si no tiene el olor o el sabor de la carne; de otro modo debéis lavar el cuenco. Si la comida contiene demasiada carne, no hay que aceptarla. No comáis nada si veis que contiene carne, si no queréis acumular demérito. No acabaría nunca si tuviese que hablar a fondo acerca de las razones por las que no permito comer carne. He ofrecido una breve contestación porque ha llegado la hora de mi *parinirvana*».[10]

El Buddha desarrolló más los perjuicios de comer carne en el *Angulimala Sutra*, así como en el *Shikshasamuccaya*, el compendio de preceptos. Además, la enseñanza *terma* de Padmasambhava llamada *Rinchin Dronme* condena con mucha claridad consumir carne, tanto si se es laico como ordenado. «Todos los seguidores del Buddha –monjes o monjas, novicios o laicos– han de seguir siete principios básicos. Son los "cuatro principios básicos"[11] y abstenerse del consumo de alcohol, carne y de alimentos por la noche».

Aunque haya quien afirme que la condena de la carne por parte del Buddha sólo afecta a las siete clases de votos del Theravadayana[12] y no tiene que ver con el Mahayana ni el Vajrayana, el siguiente fragmento de un *sutra* del Mahayana indica lo contrario:

> «Comer carne es una dieta que entreteje los tres reinos [del Samsara: del deseo, de la forma e informe]. Es una espada que secciona el potencial de liberación. Es un fuego que quema la semilla de buddheidad. Es un rayo que acaba con

la posibilidad del renacimiento en reinos más elevados o con un preciado renacimiento humano».

Como nadie tiene permiso para comer carne –ni monjes, monjas ni laicos–, quienes son comprometidos practicantes buddhistas no deberían comer carne nunca. Quien ha tomado el voto del *bodhisattva* incurre en un gran pecado al comer la carne de los seres sensibles que fueron sus propios padres en vidas pasadas. Incluso en el Vajrayana, el comer carne está prohibido hasta que se realiza la visión esencial de la percepción pura.[13]

Trulshig Pema Dudul Rimpoché cuenta una visión pura que tuvo, tras la cual abandonó la carne para siempre:

> «El gran compasivo [Avalokiteshvara] apareció en el cielo frente a mí y dijo: "Has realizado ciertos progresos en el camino y adquirido algunos conocimientos, pero sigue faltándote amor y compasión. La compasión es la raíz del Dharma y con ella es imposible consumir carne. Alguien que come carne experimentará muchos sufrimientos y enfermedades. ¡Observa a esos miserables! Todo el mundo experimenta sufrimiento según sus acciones... Quien deja la carne no experimentará ese sufrimiento. En lugar de ello, los buddhas y *bodhisattvas*, y el *guru*, divinidades y *dakinis* se regocijarán y te protegerán"».

Hay otros muchos y famosos expertos que han condenado la carne como alimento venenoso. Machig Labdrön, la famosa practicante de *chöd*,[14] dijo: «A mí consumir carne es algo que ni se me ocurre. Siento una gran compasión cuando veo animales indefensos mirando con ojos asustados». Rigzin Jigme Lingpa, un gran yogui de la tradición Ñingma, afirmó:

«Igual que en la historia de Arya Katayana yendo a mendigar comida,[15]» yo también veo que el animal del que proviene esta carne fue nuestra madre en vidas anteriores. ¿Podemos comernos la carne de nuestra propia madre tras ser despedazada por carniceros? ¡Cómo iba a ser posible algo así! Por lo tanto, si pensamos sinceramente en ello, sólo podemos sentir compasión por el animal».

Algunos que afirman ser practicantes dicen: «un poco de carne y de alcohol son necesarios para mantenerse sano, si no nos sentiremos débiles e incluso moriremos». Pero no es cierto. Y aunque la muerte fuese el resultado de adoptar la práctica dhármica de abstenerse de carne y alcohol, valdría la pena. Como dijo el gran experto Tsele Rigzin:[16]

«Ruego desde el fondo de mi corazón
no estar nunca en compañía de carnívoros ni bebedores.
En ésta y otras vidas futuras
que no nazca nunca un ordenado allí donde se consume
carne y alcohol sin moralidad.
Y aunque muriese
a causa de la ausencia de carne y alcohol,
viviré de acuerdo con los preceptos del Buddha.
¡Así seré un auténtico practicante!».

El *bodhisattva* Orgyen Jigme Chökyi Wangpo (Patrul Rimpoché) dijo:

«Como buddhistas hemos tomado el triple refugio.[17] Al tomar refugio en el Dharma hay que practicar la inofensividad hacia los seres sensibles. Así pues, si seguimos comiendo carne –que proviene del sacrificio de animales inocentes– ¿no estará eso en contradicción con nuestros compromisos buddhistas?».

Conociendo todos los perjuicios de la carne y el alcohol, adopté el compromiso de renunciar a ellos frente al gran árbol de la Bodhi en Bodhgaya, teniendo por testigos a los buddhas y *bodhisattvas* de las diez direcciones. También he declarado esta moral en todos mis monasterios. Por tanto, apelo a cualquiera que me escuche a no transgredir este aspecto crucial de la conducta ética buddhista.

Traducido por Geshe Thupten Phelgye y Aaron Gross,
y revisado por Zach Larson.

3. LA COMPASIVA ACCIÓN DE SALVAR VIDAS

En el buddhismo Mahayana, cuando se toma el voto del *bodhisattva*, se está comprometiendo uno a trabajar incansablemente en esta vida y en todas las vidas futuras para despertar y purificarse uno mismo a fin de ayudar a todos los otros seres a alcanzar la libertad respecto al sufrimiento a través de la iluminación espiritual. Se toma el voto de ayudar a los seres siempre que sea posible, y una manera muy especial de hacerlo es conceder a un ser el regalo de la vida mediante un acto de bondad. Éste puede adoptar la forma de ayudar a un animal en peligro a cruzar la calle para ponerse a salvo antes de ser aplastado por un vehículo o bien liberar a un animal cautivo antes de que lo maten, comprándolo a su captor y soltándolo. Si uno está en situación de ayudar a salvar otra vida –tanto humana como animal–, hay que practicar una bondad sin límites para ayudar a otros seres en peligro.

En el buddhismo tibetano se cree que, debido a las incontables encarnaciones por las que han pasado todos los seres a lo largo del tiempo, en uno u otro momento cualquier criatura ha sido la propia madre en una vida anterior. Por ello, se considera una obligación retribuir la bondad de aquéllos a los que se denomina "seres sensibles maternos". Si tu propia madre en esta vida corriese peligro, podemos estar seguros de que harías cualquier cosa por salvarle la vida. De igual manera, los dedicados poseedores del voto del *bodhisattva* sienten este tipo de necesidad de salvar las vidas de todos los "seres sensibles maternos".

Todos los años, Chatral Rimpoché salva las vidas de decenas de miles de animales, tanto de insectos como de reptiles, mamíferos, aves o peces. Su actividad más conocida en este campo es su liberación anual de peces en Calcuta, India, donde adquiere setenta camionadas de pescado –que han sido pescados vivos para su posterior venta– a fin de liberarlos de nuevo en el océano. Rimpoché reza por cada uno de los peces, para que puedan alcanzar el elevado estado de perfecta iluminación con ayuda de sus bendiciones. No sólo les salva la vida, sino que a través de las profundas bendiciones de Rimpoché, es muy probable que renazcan en una situación en la que puedan practicar el Buddhadharma y finalmente alcanzar la liberación.

De este modo Chatral Rimpoché se convierte en la quintaesencia bodhisáttvica, plantando las semillas de iluminación en todos los seres que tienen contacto con él. De forma muy parecida a la del propio Buddha histórico –que a través de las bendiciones de sus enseñanzas orales se dice que liberó instantáneamente a las ranas y otros animales que las escuchaban–, también Chatral Rimpoché cuenta con la rara habilidad de colmar el voto del *bodhisattva* haciendo todo lo que puede para «llevar a todos los seres a la otra orilla del Nirvana».

La energía presente en la propia mente en el momento de la muerte determina en gran medida la naturaleza de la próxima encarnación. Si un ser es asesinado, es probable que la energía de su mente esté teñida de miedo, cólera y ofuscación; nada de todo ello contribuye a un renacimiento mejor. Si a uno lo rescatan de su miserable fin y se le concede la oportunidad de morir de manera natural en un entorno sosegado –además de recibir una bendición en el momento en que se le salva la vida–, tiene muchas posibilidades de que la energía positiva de su mente le conduzca a un renacimiento superior y a una gran oportunidad para realizar la iluminación.

Para ayudar de este modo a los seres, Chatral Rimpoché compuso la siguiente oración titulada "Oración aspirativa de Thangtong Gyalpo por la liberación de los peces". Es una de las oraciones que utiliza durante su ceremonia anual de liberación de peces en Calcuta.

***

ORACIÓN ASPIRATIVA DE THANGTONG GYALPO POR LA LIBERACIÓN DE LOS PECES

Ante ti, conquistador que has alcanzado la beatitud, vencedor de enemigos, puro y perfecto Buddha provisto del preciado *ushnisha*,[1] me postro, realizo ofrendas y tomo refugio.

Si se recita esta oración a animales agonizantes o a otros seres sensibles a punto de morir, no renacerán en los reinos inferiores. Como su beneficio es tan enorme, te imploro humildemente que la recites con fe y confianza en la palabra del Buddha.

Infalibles Tres Joyas y supremo *yidam*,[2]
Señor de compasión, protector Avalokiteshvara,
    piensa en mí, débil y patético, con benevolente
        compasión
    y da testimonio de la realización de esta vasta oración.

Hace mucho tiempo, en la época del Buddha Chubeb,
    éste recitó el nombre del bendito y liberó peces;
    del mismo modo, con la lluvia del Dharma,
    yo liberaré animales que sufren impotentes.

Algunos carecen de protector y de morada,
    angustiados por el temor a ser devorados por otros;
    que a esos animales, atormentados por una desdicha agónica,
    pueda yo liberar con la lluvia del Dharma.
Que cuando se despojen de sus actuales cuerpos,
    puedan evitar los reinos inferiores
    y realizar la suprema felicidad de dioses y humanos.
Que puedan así escuchar el sagrado Dharma,
    practicarlo,
    y esforzarse en alcanzar una iluminación insuperable.
Ruego humildemente a todos que reciten esta bendita oración,
pues la compuso el Gran Siddha Thangtong Gyalpo mientras
llevaba a cabo la liberación de innumerables peces.

Traducida por la Fundación Dzogchen.

***

LOS BENEFICIOS DE SALVAR LAS VIDAS DE OTROS SERES

¡Gloria al Buddha Amitayus[3] y a los numerosos *bodhisattvas*!

Los inimaginables beneficios de tan nobles actos aparecen descritos en distintos *sutras* y *tantras* enseñados por el Señor Buddha. La práctica de dichos actos ha sido recomendada por todos los *siddhas*[4] y tanto por *panditas* indios como tibetanos en diversas escrituras. La compasión, que es uno de los principales enunciados del Mahayana, también conforma la base de la tradición Theravadayana, que concede una gran importancia al abstenerse de matar o incluso de causar daño a cualquier ser vivo. Por otra parte, el Vajrayana cuenta con otro aspecto; enfatiza mantener un vínculo sagrado –*samaya*– entre el salvador y los salvados.

A todas estas enseñanzas subyace un única circunstancia de importancia capital: que en esta tierra, el pecado más grave que puede cometer un ser humano es quitarle la vida a otro ser. Por ende, no hay una forma mejor de acumular mérito que salvar vidas.

A fin de obtener paz y felicidad verdaderas en este mundo no hay más que seguir el camino de *ahimsa* –inofensividad– que, claro está, es común a todas las religiones del mundo. Si no queremos experimentar ningún dolor ni sufrimiento de ninguna clase, ¿cómo podemos esperar que haya alguna criatura –grande o pequeña– que esté dispuesta a hacerlo?

No hay mejor oración ni veneración que pueda ofrecerse al Señor Buddha que ser sincero, amable, compasivo y abstenerse de quitarle la vida a ningún semejante humano, animal, ave, pez o insecto. Tratar de salvar cualquier vida de un peligro inminente o intentar mitigar su dolor y sufrimiento, es dar un paso en la práctica activa de amar a otros seres vivos.

El siguiente paso al respecto, lógicamente, es decir oraciones por todos aquellos que mueren debido a la crueldad irreflexiva de otras personas. Seguir este camino pone fin, de manera automática, a todo conflicto u obstáculo –de existir alguno– en el interior de nuestro ser, genera una felicidad espontánea y confiere una paz interior absoluta. Si tus acciones fluyen a partir de una pureza de corazón genuina y están impregnados de generosidad, a la larga te permitirán realizar la iluminación.

Abstenerse conscientemente de cazar y matar seres vivos, además de inspirar a otros a hacer lo mismo, son acciones que competen a los bondadosos y píos. Por ejemplo, la bondad humana requiere que no perjudiquemos a las aves migratorias en ningún sentido, tirándoles piedras, tendiéndoles redes o disparándoles mientras descansan unos momentos en el curso de su largo viaje entre países o continentes. Por el contrario, debemos ayudarles de todas las maneras que nos sean posibles a que alcancen su destino final.

Un famoso erudito buddhista de Bengala, el *pandita* Atisha Dipankara, dijo que ofrecer un amor compasivo a los desvalidos y los pobres es tan importante como meditar sobre *shunyata*. La virtud de la compasión es la base principal sobre la que se alza el buddhismo Mahayana.

Por ello, hago una apasionada llamada a toda la humanidad, independientemente de nacionalidades, castas o religiones, para que practique esta sencilla pero profunda virtud del amor compasivo. No hay otra manera de que podamos complacer y alabar más al Señor Buddha que hacer todo lo que esté en nuestra mano para salvar las vidas de inocentes, mudos e indefensos animales, pájaros, peces e insectos, otorgándoles así el preciado don de la vida.

Los valores morales hacen que renunciemos a tomar todo aquello que no podemos ofrecer a los demás. No podemos dar la vida a nadie; es un don que sólo puede otorgar el Señor.[5] Así pues, equivaldría a una desvergonzada arrogancia y a una atroz maldad por nuestra parte arrebatarle la vida a nadie.

Creo firmemente que si las personas adoptasen esta práctica por consenso universal, descendería sobre esta tierra una paz eterna y una felicidad inmanente, y el sufrimiento humano, en todas sus formas, sería cosa del pasado. Todos nosotros nos convertiríamos en privilegiados disfrutadores de paz, prosperidad, salud y una prolongada longevidad. En una situación tan ideal, los seres humanos experimentarían paz mental y contento en el corazón incluso al morir. Despojada de cualquier pensamiento o alucinación, y siendo consciente de la esencia del Dharma, una persona podría fallecer con perfecta serenidad y –a su debido tiempo– renacer en reinos superiores. La práctica continua de este noble camino conducirá finalmente a la realización del Nirvana.

Que todos y cada uno sigamos este camino tan meritorio y que ello beneficie a todos los seres vivos, además de acumular un tesoro de mérito para todos al hacerlo.

MAMA KOLING SAMANTA[6]

*Traducido por Chowang Acharya, profesor titular,
Instituto Ñingma de Sikkim, Gangtok, Sikkim.*

4. BREVE SUMARIO DE LOS BENEFICIOS DE CONSTRUIR Y CIRCUNVALAR UN *STUPA*

Así como de postrarse y realizar oraciones aspirativas frente a uno

¡Veneración por las Tres Joyas!

Explicaré brevemente los beneficios inherentes en construir un *stupa* buddhista y las ventajas para los fieles que se postren ante él, realicen ofrendas y lo circunvalen. Estableciendo aquí las perfectas escrituras en calidad de testigos, ¡que los afortunados que puedan comprender esta enseñanza la acepten con alegría!

En el sutra *La manera de distinguir* se dice:

> «El Buddha le dijo al joven brahmán Naytso:
> "Construir un stupa Tathagata entraña dieciocho beneficios.
> ¿Cuáles son?
> Se nacerá hijo de un gran rey.
> Se será guapo y atractivo.
> Se desarrollará una capacidad intelectual muy aguda.
> Se será muy famoso.
> Se dispondrá de un amplio séquito de sirvientes.
> Uno se convertirá en líder de la gente.
> Se será un apoyo para los demás.

La propia grandeza se extenderá en las diez direcciones.
Se podrá expresar con facilidad lo que uno desee, tanto
      en prosa como en verso.
Uno será venerado por los dioses.
Poseerá muchas riquezas.
Obtendrá el reino de un monarca universal.
Gozará de larga vida.
El propio cuerpo será como una colección de *vajras*.
El propio cuerpo estará dotado de las marcas
      [de un Buddha] principales y secundarias.
Se renacerá en los tres reinos superiores.
Se realizará rápida y completamente el Nirvana.

Esos son los dieciocho beneficios de construir un *stupa*
Tathagata"».

En el *Tantra raíz de Mañjushri* aparece dicho:

«Si construyes un *stupa* con tus propias manos
podrás purificar tu cuerpo aunque hayas cometido los cinco
      pecados inexpiables.[1]
Si construyes cien mil *stupas*,
      serás transformado en monarca universal de los
      poseedores del conocimiento,
      comprenderás totalmente todos los tratados
      y dispondrás de medios adecuados.
Durante un eón de tiempo y siempre que mueras podrás
      renacer como rey sin tener que regresar nunca más
         a los reinos inferiores.
Como un sol alzándose en una llanura
      también estarás dotado de todas tus facultades sensoriales,
      serás capaz de retener todo lo que aprendas y de
      recordar tus vidas pasadas».

En el *sutra* llamado *Cofre de las reliquias sagradas* se dice:

«El Bhagavan proclamó:
"Vajrapani, cuando escribes enseñanzas dhármicas y las
   depositas en el interior de un *stupa*, ese *stupa* se convierte
   en una reliquia de la esencia vájrica de todos los Tathagatas.
Ese *stupa* será consagrado con la esencia secreta de todos
   los *mantras* de los Tathagatas.
Se convertirá en un *stupa* de noventa y nueve Tathagatas,
   tantos como un puñado de semillas de mostaza.
Ese *stupa* estará bendecido como si contuviese los ojos y
   los *ushnishas* de todos los Tathagatas.
Quien deposite imágenes del Buddha en el interior de un
   stupa será bendecido por esas imágenes del Tathagata
   con la naturaleza de los siete tesoros reales de un monarca
   universal. Quien venere y honre ese *stupa* se convertirá
   sin duda en uno que no regresa[2] y finalmente realizará el
   estado incomparable y perfectamente completo de la
   iluminación, la completa y total buddheidad.
Aunque uno sólo realice una única postración o lleve a cabo
   una única circunvalación, estará ya liberado de varios
   infiernos, como el Infierno de la Tortura Incesante.
Nunca retrocederá en el camino hacia una incomparable y
   totalmente perfecta Iluminación.
Todos los Tathagatas bendecirán la zona que rodee al lugar
   en que se construya el *stupa*"».

En el *Sutra del loto blanco del Dharma sublime*, se dice:

«Las paredes se hacen con adobe y ladrillos,
   y un *stupa* del Victorioso se construye de igual manera.
Por lo tanto, aunque esté hecho a base de un simple montón
   de polvo en un remoto lugar, o aunque un niño que
   juegue lo cree a partir de un montón de arena,

quien simplemente construya uno dedicado al Victorioso
realizará la iluminación».

Los beneficios de realizar ofrendas a un *stupa* aparecen descritos en el *Sutra requerido por el rey Prasenajit*:

«Si uno encala un *stupa* buddhista
>   tendrá larga vida en el mundo de los dioses o humanos,
>   estará libre de toda enfermedad mental y física,
>   se alejarán por completo de él todas las enfermedades
>   y siempre será feliz y rico en riquezas mundanas.

Tañendo la campana ante un *stupa* buddhista
>   se hablará con autoridad y se obtendrá gran fama,
>   se poseerá la agradable voz de Brahma,
>   se podrán recordar las propias vidas pasadas
>   y se obtendrá todo tipo de exquisiteces.

Si una persona culta recita oraciones con su rosario
>   con una mente devota en un *stupa* buddhista,
>   obtendrá muchos rosarios dorados adornados de bellas
>   y preciadas joyas,
>   y destacará entre los meritorios y afortunados.

Quien realice una ofrenda de música melódica en un *stupa*
>   buddhista
>   dispondrá de abundante elocuencia en profundidad
>   y conocimiento,
>   su cuerpo físico será perfecto y su mente y palabra puras.
>   Sus voces llenarán el mundo.

Si cualquier persona que tiene corazón y cuerpo
>   cuelga banderas de oración de un *stupa*,
>   que es una fuente inmaculada de mérito,

se convertirá en un campo de ofrendas
y en un objeto de veneración para los tres mundos.

Si uno fija una corona de seda a un *stupa* buddhista,
se convertirá en glorioso soberano de los humanos,
en un poderoso soberano de los dioses,
experimentará gran gozo y, sobre todo,
realizará la total y completa liberación.

Si uno limpia un *stupa* buddhista
se convertirá en alguien muy atractivo y bello,
se tendrá un rostro excelente
con el cutis de un loto,
totalmente desprovisto
de los defectos del Samsara.

Cualquiera que limpie el polvo alrededor de un *stupa*,
en primavera y con agua limpia,
será alegremente abanicado por damas
con abanicos de mango dorado».

Respecto a los beneficios de postrarse y circunvalar un *stupa*,
en el *Avalokiteshvara Sutra* se dice:

«Si uno se postra respetuoso ante un *stupa* buddhista,
se convertirá en un heroico y poderoso monarca del mundo,
protegido por la armadura de símbolos dorados.
Se convertirá en un maestro sabio que deleitará al
Buddha».

En el *Sutra del Loto blanco del Dharma sublime*, se dice:

«Quienquiera que una las palmas de sus manos ante un *stupa*,
tanto ambas manos como una sola,

cualquiera que incline brevemente su cabeza
o incline el cuerpo en una ocasión,

cualquiera que se postre o sólo diga "Buddha", incluso con
una mente distraída,
en una ocasión o en varias ocasiones,
ante un *stupa* donde se guarden reliquias,
realizará la suprema Iluminación».

En los *Versos concluyentes sobre circunvalar un* stupa se dice:

«Los excelsos beneficios de circunvalar
un *stupa* del Buddha, Protector del mundo,
no pueden describirse suficientemente con meras
palabras.»

Esas y otras citas de *sutras* y *tantras* deben ocasionar gran alegría y confianza. Invito a quienes aspiren a la felicidad a aprovechar al máximo su existencia humana. Esforzaos todo lo posible en acumular mérito y purificar oscuridades rindiendo homenaje y realizado ofrendas, circunvalando, entonando oraciones aspirativas y demás, con una noble aspiración de *bodhicitta*, a la excelsa y suprema base (*stupa*), pues otorga numerosos beneficios al verlas, escucharlas y recordarlas.

Compuesto por el renunciante Buddha Vajra, que en esta era de las cinco degeneraciones rampantes da la sensación de guiar a los seres a través de la encarnación física del cuerpo, la palabra y la mente del Buddha.[3]

Compuesto en el año del Caballo de Fuego del decimosexto ciclo (1966), en el noveno mes del vigésimo segundo día. ¡Que sea auspicioso!

5. AYUDAR A LOS SERES EN UNA ERA DE DEGENERACIÓN

Durante una de nuestras entrevistas en Yanleshöd, Chatral Rimpoché contó lo siguiente:

«Cada año tiene lugar un retiro llamado Yarney durante la estación estival de las lluvias. Solía ser una época del año en la que los monjes tibetanos no viajaban mucho. Se observaba, sobre todo, para evitar el matar insectos al caminar. Pero ahora, en esta era degenerada, poca gente hace el esfuerzo de permanecer en un lugar durante tanto tiempo. Nos estamos acercando al fin de una era, en la que la gente que dice ser seguidora del Buddha roba, comete adulterio y tiene negocios nada honrados. Esa gente hace todo tipo de cosas incorrectas. Existen algunos obstáculos para el Buddhadharma, en parte debidos a esa gente que hace esas cosas que se supone que no debería hacer. A causa de ello hay muchas guerras, armas y sucede todo tipo de cosas negativas. Las grandes naciones y los países pequeños tienen disputas entre sí casi todo el tiempo. Todo está agitado. Se comete todo tipo de acciones negativas y los pecados son frecuentes. A causa de ello no llueve cuando debería, lo cual provoca sequías. Los desastres naturales son cosa común. Siempre que alguien dice algo, está teñido de negatividad. Quienes viven en paz y tranquilidad sufren robos. Quienes ofrecen las enseñanzas del Dharma sublime a otras personas no son respetados, y el Dharma sublime es desperdiciado.

La situación se ha vuelto muy mala. Tanto interna como externamente, existen disputas entre familias y naciones. Son resultado de nuestras profanaciones pasadas, y debemos responsabilizarnos de éstas».

Según la astrología buddhista tibetana, nos encontramos en "la era de los residuos", donde sólo quedan rastros de la virtud de la "edad dorada". Estos tiempos agitados están señalados por la guerra, las enfermedades, los desastres naturales, el uso rampante de las drogas y la falta de respeto por la espiritualidad. Guru Padmasambhava vio venir todo esto y por ello creó el sistema de *termas*, ocultando enseñanzas para que fueran descubiertas por las reencarnaciones de sus veinticinco discípulos –llamados *tertones* o descubridores de tesoros– en el momento adecuado para que esas enseñanzas ayuden a los seres de esa generación. Así lo explica Tulku Thondup: «[Guru Rimpoché] dio la transmisión mediante mandato mental[1] de las enseñanzas [a este grupo nuclear de discípulos], reconociéndoles como sus propios regentes y bendiciéndoles para que apaciguasen a los seres de la era final».[2] Uno de los *termas* más famosos de esta generación ha sido traducido como *El libro tibetano de los muertos*, y es una guía para ayudar a los seres para que en el momento de su muerte permanezcan sin temor y sosegados en el período de transición entre la muerte física y el momento en que vuelven a reencarnarse. Una época sin precedentes, como una era degenerada, requiere enseñanzas termas igualmente inauditas.

Las enseñanzas Dzogchen de la escuela Longchen Ñingthig, basadas en la *terma* mental que Rigzin Jigme Lingpa (1729/1798) recibiera de Guru Padmasambhava, son consideradas especialmente potentes en esta era degenerada, pues cuentan con el potencial de liberar espontáneamente a seres que cuenten con la preparación adecuada en tan sólo una vida. Otras enseñanzas requieren muchos años de estudio antes de que se tenga oportunidad de practicarlas, y se da por descontado que no se podrá realizar la iluminación durante varias vidas. Con el Dzogchen uno puede ponerse en una situación en la que podrá practicar estas enseñanzas tan elevadas en tan sólo seis años (en el caso de los discípulos de Chatral Rimpoché) y, si las condiciones son las adecuadas, es posible alcanzar el estado más elevado de realización a fin de ayudar eficazmente a los demás seres a lograr lo mismo.

Este tipo de práctica no es ni mucho menos fácil, y requiere de muchos años de dedicada práctica. Además, sólo una pequeña minoría de practicantes espirituales cuenta con las capacidades adecuadas para poder emprender dicha práctica. A pesar de ello, las enseñanzas Dzogchen han calado en Occidente. La noción de "iluminación rápida" suele ser el anzuelo. Si la motivación de uno es ayudar a otros seres, entonces es algo positivo. Si uno sólo quiere experimentar un elevado estado de consciencia por orgullo egoico o busca un "subidón", entonces lo que consigue es acelerar el declive de una era de degeneración. Las elevadas enseñanzas tántricas no están disponibles para el público en general, y pueden resultar peligrosas y psicológicamente nocivas para quienes no estén preparados para poder practicarlas. Hay bastantes occidentales que "se han disparado" al emprender prácticas para las que no estaban preparados.[3] No obstante, el Dzogchen cuenta con un potencial ilimitado para liberar a los seres cuando las condiciones son las adecuadas para que se practiquen estas enseñanzas.

Chatral Rimpoché anima a sus estudiantes a acercarse al Dzogchen de la manera adecuada, realizando sus *ngöndros* preliminares, seguidos de un retiro de tres años durante el cual el *guru* puede observar al discípulo. Después de ello, se requiere un período de tres años en el que el discípulo observa al *guru*. Si demuestran ser practicantes genuinos totalmente dedicados, y si su mérito y sabiduría son suficientes, entonces pueden ser bendecidos con algunas de las enseñanzas más elevadas.

Uno de los desarrollos más aterradores de esta era de degeneración en la que nos hallamos ha sido la aparición de las armas nucleares. Lanzar esas armas sobre Japón durante la segunda guerra mundial provocó las formas de sufrimiento más horribles para quienes las padecieron. Esas armas hicieron que durante la guerra fría entre los Estados Unidos y la Unión Soviética fueran millones los que temiesen por sus vidas. La existencia de esas armas, y la posibilidad de una destrucción atroz y absurda a una escala inimaginable, siguen siendo una triste realidad.

Chatral Rimpoché compuso la siguiente oración con la esperanza de que el futuro sea un tiempo de alegría y no de devastación.

***

ORACIÓN PARA EVITAR LA GUERRA NUCLEAR

«*¡Namo Guru Ratnatraya!*
Me postro ante el Maestro y las Tres Joyas.

Verdadero líder de la edad de oro, ¡Cúspide de los Shakya![4]
¡Segundo buddha, príncipe de Oddiyana, Vajra nacido en el lago,[5]

bodhisattvas, los ocho herederos espirituales más próximos,
los elevados y nobles, Avalokiteshvara, Mañjushri,
Vajrapani[6] y los demás!
¡Veintidós Taras, Anfitrión de los Nobles Ancianos,
lamas raíz y linaje, deidades, dioses pacíficos e iracundos!
¡*Dakinis* en los tres reinos![7]
¡Vosotros, que a través de la sabiduría o el *karma* os habéis
convertido en defensores de la doctrina!
¡Guardianes de las direcciones!
¡Setenta y cinco gloriosos protectores!
¡Vosotros, que sois clarividentes, poderosos, mágicos e
imponentes!

¡Observad y considerad a los seres de esta época de agitación!
Somos seres nacidos en esta penosa era degenerada;
de nuestras malas acciones mana un océano de efectos
perjudiciales.
Las fuerzas de la luz parpadean debilitadas,
las fuerzas de la oscuridad –un ejército de demonios–
inflaman a los hombres importantes y poderosos
que se alzan conflictivos, provistos de armas nucleares
que desintegrarán la Tierra.

Las armas de intenciones perversas y erráticas
han desencadenado el huracán.
Dentro de poco y en un instante, reducirán el mundo
–y a todos los que viven en él– a átomos de polvo.
A través de esa nefasta herramienta demoníaca
es fácil ver, escuchar y pensar en las gentes ignorantes,
atrapadas en una red de confusión y dudas,
obstinadas pero que siguen negándose a comprender.
Nos aterra oír hablar o incluso recordar
esas cosas sin precedentes.
El mundo rebosa incertidumbre,

pero no hay manera de detenerla, ningún rincón de esperanza
aparte de vosotras, auténticas Tres Joyas y Tres Raíces.[8]
Si lloramos ante vosotros como niños en busca de sus padres,
si os imploramos con esta oración,
¡no hagáis oídos sordos a vuestros antiguos votos!
¡Alargad la mano luminosa de la compasión!
¡Protegednos y amparadnos, a nosotros, seres indefensos,
y liberadnos del miedo!

Cuando los poderosos bárbaros se sientan en consejo de
guerra...
–los bárbaros que roban la tierra de su alegría y felicidad,
los bárbaros de pensamientos erróneos, burdos y
venenosos–
¡Inclinad a sus jefes y cabecillas
hacia la paz y la felicidad!

¡Pacificad ahora mismo la lucha armada que nos bloquea!
Apartad y derrotad las armas nucleares
de los mensajeros del demonio
y, mediante ese poder, conceded larga vida a los justos
y difundid la teoría y práctica de la doctrina
¡por las cuatro esquinas de este gran mundo!

¡Eliminad las raíces, ramas y hojas –incluso los nombres–
de esas fuerzas oscuras, humanas e inhumanas,
que odian a los demás y a la enseñanza!
¡Extended una vasta felicidad y bondad
sobre este frágil planeta!

¡Elevados con los cuatro tipos de gloria!
Como en la edad de oro, desaparecida toda lucha,
permitid que nos ocupemos sólo con la danza de la felicidad,
¡la danza de la alegría!

Rezamos con pensamientos puros
    junto al océano de compasión de los tres supremos
        refugios
    y el poder del reino de la verdad
    para completar la sublime verdad,
    realizar el objeto de esta nuestra oración
    mágicamente, ¡tal y como esperamos y soñamos!».

Traducido por Richard Kohn y Lama Tsedrup Tharchin.

***

6. LUGARES DE ILUMINACIÓN: LA GEOGRAFÍA SAGRADA DE YOLMO Y MARATIKA

El buddhismo del Tibet tomó forma en un paisaje de intensa belleza y esplendor. No es de extrañar, pues, que el entorno físico pasase a ser un apoyo para el desarrollo espiritual interior. Es algo que resulta palmario en la tradición del Dzogchen, en la que mirar al cielo se ha utilizado durante mucho tiempo para facilitar el experimentar la vasta y luminosa naturaleza de la mente, y se ha alentado el retirarse a meditar en remotas zonas montañosas.

Hace más de mil años, Guru Padmasambhava reconoció que ciertas zonas de la región himalayense contribuían a la realización. Practicó mucho en algunos de esos lugares, como en el caso de la gruta de Maratika, en el este de Nepal, donde logró la inmortalidad al alcanzar la realización de Amitayus, el buddha de luz infinita. Descubrió otros lugares en su viaje hacia el Tibet, escribiendo sobre ellos en los textos *termas* ocultos, a fin de animar a los futuros devotos a practicar en esos lugares poderosos, como es Yolmo, en el norte de Nepal.

El valle de Yolmo cuenta con muchos y distintos aspectos que resultan beneficiosos para los practicantes. Escribe Ian Baker:

«...Chatral Rimpoché dijo que hay lugares específicos en Yolmo que facilitaban ciertos tipos de práctica. Los lugares con cascadas inspiran reflexión en la impermanencia. Lugares con riscos empinados en los que las rocas son oscuras y angulosas son buenos para meditar en deidades iracundas. Lugares con colinas onduladas y praderas de flores ayudan a meditar en deidades pacíficas... Chatral Rimpoché aclaró que los *beyul* [lugares ocultos] que Padmasambhava creó en el Tibet no son paraísos literales, sino paraísos para la práctica buddhista, de múltiples dimensiones, que corresponden a unos niveles de percepción cada vez más sutiles. En Yolmo, más allá del terreno visible a base de montañas, ríos y bosques, dijo, existe un nivel interno, que corresponde al fluido de las energías intangibles en el cuerpo físico. Y todavía más adentro, los elementos sutiles que animan el entorno se funden con los elementos presentes en el interior del practicante, el nivel secreto. Finalmente, en el nivel más interno del *beyul* –*yangsang*– radica una dimensión paradisíaca o unitaria, revelada a través de una auspiciosa conjunción entre persona, lugar y tiempo... Chatral Rimpoché aseveró que ese *yangsang* no es una simple metáfora para el estado iluminado, sino una realidad omnipresente, aunque oculta».[1]

Chatral Rimpoché ha guiado a discípulos en Yolmo durante varias décadas, muchos de ellos inmersos en el tradicional retiro de tres años y tres meses. Rimpoché escribió el siguiente verso sobre Yolmo:

«Las montañas se alzan como lanzas puntiagudas hacia el sol.
Las montañas que permanecen en la sombra se extienden como llamas.
En esta llanura amplia, arenosa y rodeada de nieve,
Padmasambhava y una asamblea de seres realizados

pensaron en las generaciones posteriores
y ocultaron innumerables y profundos tesoros dhármicos.

Distintas fragancias ocupan el aire por todas partes,
   plátanos y otras plantas comestibles
   brotan en abundancia sin haber sido plantadas,
   pájaros afables, aves acuáticas y palomas torcaces
   vacían la mente de su espesura.
La comprensión interior y las virtudes aumentan con
   naturalidad,
   beneficiando la actividad del camino, la percepción y
   la meditación.

¡Para el practicante de *rushen*[2] y *chöd*
   no existe un lugar mejor que éste!
La tierra oculta y sin contiendas de Padmasambhava
   no es distinta de los ocho grandes osarios de la India.
Rodeada de fosos de agua y paredes de tierra y roca,
   agraciada en perpetuidad con nubes, niebla y lluvia,
   el valle se halla sellado de manera natural [del mundo
   exterior].

Si entre cientos hay unos pocos
   esforzándose en practicar el Dharma de corazón,
   yo les digo: "¡Venid a este lugar para realizar la
   buddheidad en esta vida!".
Practicantes de los yogas internos apartan aquí sus obstáculos.
¡Que todo ello conlleve un beneficio espontáneo y
   auspicioso para uno mismo y los demás!».[3]

La gruta de Maratika es uno de los lugares más sagrados del
mundo para los devotos de Padmasambhava, pues fue ahí
donde realizó la inmoralidad al llevar a cabo las prácticas de
Amitayus con su consorte Mandarava. Es el lugar de poder

al que acuden quienes pertenecen a la tradición de Chatral Rimpoché para iniciar prácticas de longevidad. Tal vez la propia longevidad de Chatral Rimpoché (está sano y activo siendo un nonagenario) sea resultado del tiempo que ha pasado practicando en Maratika.

Rimpoché escribió "La melodiosa *tambura*[4] de alegría" como guía para quienes no están familiarizados con la gruta de Maratika y que un día pudieran tener la oportunidad de practicar en este lugar tan poderoso.

LA MELODIOSA *TAMBURA* DE ALEGRÍA

«Guía del supremo lugar sagrado de vida inmortal,
la gruta rupestre de Maratika.

¡Veneración por el *guru*, el *yidam* y las *dakinis*!
Ante la esencia de toda apariencia, Padma Amitayus,[5]
    ante la encarnación de vaciedad, la gran madre,
    ataviada de blanco,[6]
    ante las deidades trinas y longevas,[7] el *mudra* de
    no dualidad,
    me postro con devoción y os imploro que concedáis
    la iniciación de la vida inmortal.»

Al norte de Bodhgaya –el centro del universo–, en una montaña rocosa cubierta de árboles y arbustos, se encuentra un maravilloso y famoso lugar sagrado llamado Haleshi,[8] que ahora describiré, así que escuchad un instante con alegría.

Externamente, es el gozoso juego de Shiva y Umadevi.[9] Internamente es el palacio de Chakrasamvara.[10] Secretamente es la mansión celestial de las divinidades de la vida inmortal, y todavía más secretamente es la Tierra Pura de Gran Gozo, el reino absoluto de Akanishta.[11]

Chatral Rimpoché a los 25 años,
una leyenda en potencia.

Kalu
Rimpoché

Khenpo
Ngawang
Palzang

Jamyang
Kyentse
Chökyi
Lodrö.

Con
Dudjom
Rimpoché
y Dilgo
Khyentse
Rimpoché.

Chatral Rimpoché
viajaba exclusivamente
a pie.

Consagrando
un *stupa*.

Chatral Rimpoché con el padre Thomas Merton.

Con
Dudjom
Rimpoché.

Chatral Rimpoché con su esposa, hijas y nieta.

Chatral Rimpoché con su nieta.

La Manifestación de la mente de Guru Padmasambhava.

Chatral Rimpoché, un *yogui* sin par.

Con la corona de Terton Dudul Dorje.

Relajándose en la naturaleza límpida de la mente en un *picnic*.

Rimpoché con su médico personal.

Chatral Rimpoché goza de numerosos linajes.

Con Kathok Situ Rimpoché y Dudjom Yangsi Rimpoché del Tibet, dos de sus principales discípulos.

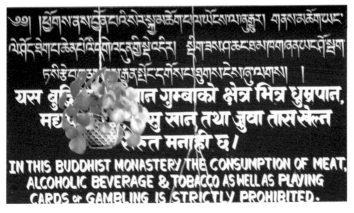

༄༅། །ཕྱོགས་བཅུ་ན་བཞུགས་པའི་སངས་རྒྱས་དང་བྱང་ཆུབ་སེམས་དཔའ་ཐམས་ཅད། གནས་ལ་སྩོགས་པ་
ལྷ་ཆེན་ལ་སོགས་པར་གནས་པའི་དཔལ་གྱི་ལྷ་མོ། ཕྱོགས་སྐྱོང་བཅུ་འཁོར་དང་བཅས་པ་ལ་ཕྱག་འཚལ་ལོ། །

यस बु ... ...न गुम्बाको क्षेत्र भित्र धुम्रपान,
मद्य ... ...सु खान, तथा जुवा तास खेल्न
... ...त मनाही छ ।

IN THIS BUDDHIST MONASTERY THE CONSUMPTION OF MEAT,
ALCOHOLIC BEVERAGE & TOBACCO AS WELL AS PLAYING
CARDS or GAMBLING IS STRICTLY PROHIBITED.

Vistoso cartel en el monasterio de Rigzin Drubpe Ghatsal.

Chatral Rimpoché, un corazón de puro amor.

Peces nadando en libertad en un estanque en el monasterio de Rigzin Drubpe Ghatsal, entre el reflejo de banderas de oración que cuelgan de un árbol bendiciéndoles.

Rimpoché recita una oración en la ceremonia de liberación de peces en Calcuta.

Un *bodhisattva*
que todo lo ve.

En el *stupa* Mahabodhi
de Bodhgaya.

Un hombre de paz.

Presidiendo
un servicio funerario.

En el pasado, cuando el Vidhyadhara Pema Thödrengt-sal[12] y su encantadora y divina consorte Mandarava se engra-naron en la práctica secreta de entrar directamente [en el *mandala*][13] en este lugar, Amitayus, el buddha de luz infini-ta, les inició en la vida inmortal. Tras realizar el cuerpo que carece de nacimiento ni muerte, decrepitud ni desintegra-ción, Guru Rimpoché mora ahora en el sudoeste, subyugan-do a los *rakshas*,[14] enviando continuamente emanación tras emanación en todas las formas necesarias a fin de beneficiar a todos los seres inmersos en la existencia cíclica.[15]

Más tarde, de entre los ojos de Songtsen Gampo –que era Avalokiteshvara en persona– emanó el noble monje Akarma. Cuando este noble monje erigía una imagen de Avalokites-hvara con once cabezas en el Jokhang,[16] fue en busca de sus-tancias especiales para erigirla y reliquias para guardar en su interior. Milagrosamente llegó a Maratika y en aquel momento vio los rostros de numerosas divinidades. La llamó la Gruta de la Práctica del "Mandala de Gloriosas Cualida-des" y pronunció otras muchas alabanzas. Todo ello no hace sino proporcionar una fuente fidedigna acerca de la grande-za de Maratika.

Cuando Shankaracharya, el maestro herético, causó tanto daño a la doctrina buddhista en la India y Nepal, se destruye-ron, dispersaron y perdieron muchos y antiguos lugares, así como objetos sagrados. Después de eso, todos sus seguidores los convirtieron en lugares dedicados al culto de Shiva.

En la actualidad, la gente realiza ofrendas especiales de música de campanas y címbalos, así como tridentes, cien o mil lámparas de manteca, incienso, flores y las tres ofrendas blancas.[17] Pero nadie sacrifica vidas ni hace ofrendas rojas. Sus *pujas*, realizadas al ritmo lento y rápido de tambores, címbalos, conchas blancas y otros muchos tipos de instru-mentos de viento y giratorios, hacen resonar en la gruta los sonidos de *ur-ur* y *chem-chem*.

No dejan de presentar ofrendas y alabanzas a Brahma, Vishnu, Shiva y otras divinidades mundanas. Observando sus antiguas tradiciones, diferencian entre castas superiores e inferiores, desde el brahmán al carnicero, y los hay a los que se les permite entrar en la cueva, así como hay otros a los que no. Algunas de las castas inferiores sólo pueden sentarse a la entrada de la cueva.

Sobre todo alrededor del día diez de cada mes, en las fases creciente y decreciente de la luna y en otras ocasiones particulares, he visto a sacerdotes brahmanes en el interior de la cueva con *mandalas* de arena de colores y oficiando ceremonias con enormes hogueras.

Cada persona tiene su propia percepción y no sería correcto albergar malas opiniones de nadie ni hablar mal. Uno debe mantener una visión pura, regocijarse y alabar, para así establecer una buena conexión. Criticar a los demás o a sus divinidades no conduce más que a desdichas.

A fin de aumentar el interés y desarrollar la fe en los forasteros –tanto buddhistas como personas normales y corrientes– y evitar las discusiones acerca de este santo lugar, empezaré con una explicación acerca de la historia de Maratika.

¡EMA![18] Una vez mencionadas algunas de las cualidades de este lugar santo, que resultan evidentes incluso para la gente corriente, no puede haber motivo de discusión. Además, se dice en los comentarios, y con razón, que incluso las palabras de un niño –si se pronuncian con sinceridad y amabilidad– bastarían para describir un lugar así.

Al visitar este lugar surgen incontables maravillas. Con sólo escuchar su nombre queda plantada la semilla de la liberación. Con sólo recordarla se evita la muerte accidental. Realizando postraciones, circunvalaciones y ofrendas se acumula mucho mérito.

El cielo a su alrededor conforma una enorme rueda de ocho radios. El terreno tiene la forma de un loto de ocho pétalos, con el centro hinchado como si fuese el pistilo de la flor. Como el paisaje es amplio y abierto, hay muchas horas de sol y la temperatura es templada. Por delante discurre un arroyo. El centro de ese lugar sagrado es una enorme sala de reunión natural, alta y espaciosa, que puede albergar hasta mil personas. En el centro cuenta con una única lumbrera, que tiene forma de rueda.

Fuera, entre las rocas angulosas, crecen algunos árboles y arbustos. En el interior de la gruta abundan innumerables imágenes de estatuas, sílabas semilla y utensilios manuales de las divinidades pacíficas e iracundas. La única característica de este lugar sagrado son los numerosos lingams (estalagmitas) de tamaños que van entre los 15 cm y los 1,8 m. Formados de manera natural, son blancos, de textura suave, brillantes y resplandecientes.

En momentos auspiciosos el néctar se acumula en forma de rocío y gotea. Hay muchos huecos y grietas rocosas en los que puede comprobarse el propio *karma* positivo o negativo y ver si uno se dirige hacia un nacimiento en los reinos inferiores o hacia los superiores y el camino de la liberación.

Bajo este lugar sagrado hay una gruta cuya entrada está orientada hacia el sudoeste. La entrada a la cueva no es demasiado grande, pero una vez dentro se abre y resulta que es muy amplia y espaciosa, con sitio suficiente para acoger a cien personas. Pueden verse muchos símbolos del cuerpo, el habla y la mente de los iluminados, así como marcas de manos y huellas de pies, una concha blanca y otros muchos objetos aparecidos allí por sí mismos. Cuando llegan quienes poseen un *karma* afortunado, rezuma el néctar en forma de rocío. Por encima, sin obstáculos y abierto, hay una elevada claraboya abovedada, haciendo que el lugar sea famoso como centro de formación para la práctica de transferir la propia consciencia a una Tierra Pura.

En la espaciosa superficie de la cueva principal hay murciélagos a los que no se los puede ver pero que no dejan de crear el sonido del *mantra* de larga vida (se escuchan los sonidos *tsey* y *bhrum*).

Es un muy buen lugar para todos los practicantes tántricos que han entrado en el camino, un sitio para practicar la visualización de una luminosa rueda de deidades y *mantras*.

Este texto, que sólo menciona una gota del océano de buenas cualidades que posee este lugar sacro, fue compuesto pensando en beneficiar a otros. Como una gema concesora de deseos o un recipiente mágico, que lleve todos nuestros deseos a su realización.

Tras presentar este lugar sagrado, podemos estar seguros de que nosotros, hermanos y hermanas en el Dharma, que seguimos a Guru Padmasambhava, acumularemos mérito y nos purificaremos al recitar *mantras*, ofreciendo *tormas*, realizando ceremonias con fuego y sobre todo con las prácticas de longevidad.

> *Que, con el mérito obtenido en esta composición,*
>   *puedan todos los seres bajo el cielo ser salvados*
>   *de una muerte prematura y los obstáculos actuales.*
> *Y que finalmente, alcanzando el nivel del protector Amitayus,*
>   *conduzca a todos los seres a ese estado.*

> *Mediante las bendiciones y el poder de la verdad*
>   *y la asombrosa compasión de buddhas y bodhisattvas,*
>   *que se eliminen todas las circunstancias perjudiciales*
>   *y desventajosas sin excepción.*
> *Que residamos en la gloria eterna*
>   *y que cada día y cada noche sean auspiciosos.*

Mi hija Saraswati Devi, realizando la ofrenda de un echarpe puro y de papel y lápiz, me pidió que escribiese una ala-

banza de este lugar sagrado. Así pues, yo, el viejo vagabun-
do de su padre, Sangye Dorje, escribí esto el año del Tigre
de Fuego, un día excelente del décimo mes, entre sesiones,
en el supremo lugar sagrado de Maratika, que pone fin a la
muerte. SHUBHAM.

7. DUDJOM RIMPOCHÉ: SE CIERRA EL CÍRCULO DE UNA RELACIÓN MAESTRO-DISCÍPULO

Su Santidad Dudjom Jigdral Yeshe Dorje Rimpoché (1904/1987) fue uno de los maestros, eruditos y escritores más brillantes de todos los tiempos. Recibió todas las enseñanzas e iniciaciones de la tradición Ñingma, y se ocupó de revisar y actualizar el Canon Ñingma a fin de conservarlo para las futuras generaciones. Compuso una completísima historia de la tradición Ñingma y escribió poemas tan potentes que tenían la capacidad de liberar a los seres afortunados en el acto. Puede decirse sin temor a equivocarse que sin la pericia en el método de Dudjom Rimpoché y su compasión, las liberadoras enseñanzas de la tradición Ñingma no habrían florecido fuera del Tibet como han hecho actualmente.

Cuando el sol se puso en poniente –cuando Dudjom Rimpoché falleció en Francia en 1987–, la luna estaba allí para asomar por levante. Chatral Rimpoché, como regente Vajra de la tradición de Dudjom Rimpoché, sigue resplandeciendo actualmente, iluminando la ignorancia de todos los seres que entran en contacto con él y guiándoles por el camino de la iluminación.

Dudjom Rimpoché confió a Chatral Rimpoché la tarea de ser su regente por buenas razones, sabiendo que Rimpoché conservaría sin mácula sus linajes de enseñanza dhármica, como el Dudjom Tersar, hasta el momento en que la siguiente reencarnación de Dudjom Rimpoché esté suficientemente formada y preparada para volver a beneficiar a los seres. Mientras tanto, Chatral Rimpoché ha protegido esas potentes enseñanzas y sólo las ha transmitido a aquellos discípulos que realmente pueden beneficiarse de ellas.

Chatral Rimpoché escribió la siguiente oración en 1987 para facilitar el rápido renacimiento de su maestro, Dudjom Rimpoché.

***

EL OTORGADOR DE LOS GLORIOSOS FRUTOS DE LA ASPIRACIÓN

OM SVASTI

Yeshe Dorje, el Dharmakaya libre de elaboraciones,
Dechen Dorje, El Sambhogakaya dotado de las cinco certezas,[1]
Drodul Lingpa, el Nirmanakaya apareciendo para amansar
   a todos los seres,
   son indivisibles en el Lama.
A ti rogamos; por favor, míranos con compasión.

Oh, Señor, habiendo realizado directamente la buddheidad
   primordial,
   has trascendido los fenómenos conceptuales de
      nacimiento y muerte,
   pero en la percepción de tus discípulos, tu cuerpo ilusorio
      de relativa verdad se ha disuelto en la vasta extensión
      de la gran paz esencial.

Para todos los seres y doctrinas en general, y en especial para
la Escuela de la Traducción Antigua, el sol del
aprendizaje y la práctica de las atesoradas enseñanzas
se han ido hacia el oeste, hacia la diosa del agua.
Nosotros, las masas de discípulos que te seguimos
nos hemos quedado indefensos sin protección ni refugio.
¡Por favor, préstanos atención!

Por ello te rogamos que tu inmaculada y suprema mente
perfeccione la intrínseca claridad del espacio interior,
el joven recipiente corporal,
y que tu mágica demostración dentro del estado
unificado de ninguna necesidad de más formación,

se manifieste rápidamente a través de una inmaculada
emanación, la luna llena de tu renacimiento.

Con las cinco visiones auspiciosas,[2]
perfeccionando las asombrosas vidas de los mil buddhas
y completando la actividad iluminada en su totalidad,
por favor, impregna la vasta tierra del continente de Jambu.[3]

Rogamos que esta maravillosa emanación alcance la victoria
sobre los obstáculos externos e internos
y en las batallas contra las fuerzas de Mara.
Que la sabiduría, compasión y el poder de los tres
bodhisattvas[4] resulten claramente evidentes en ella,
y que esté dotada de la longevidad del Buddha Amitayus.

Rogamos que a través del despliegue de las excelentes
cualidades de estudio, contemplación y meditación,
y a través de las maravillosas tres esferas de actividad,[5]
elimine los deterioros debidos a las cinco degeneraciones,[6]
reavive la doctrina de los nueve *yanas*,[7]

y sea un amigo espiritual, floreciendo el loto de felicidad
y munificencia.

Que a través de las bendiciones del *guru*, las deidades y *dakinis*,
y que a través del poder de la reunión oceánica de
protectores dhármicos Vajrayana,
fructifique rápidamente esta oración y aspiración
y que todas las esperanzas y deseos sean colmados
auspiciosamente.»

La oración por el Rápido Retorno de la Manifestación, titulada "El otorgador de los gloriosos frutos de la aspiración" *ha sido entonada con una intensa devoción al final de la primera fase de la luna menguante del undécimo mes del año del Tigre de Fuego (19 de enero de 1987), por Sangye Dorje, el más humilde de los discípulos del Terton, cerca de Yangleshöd, el lugar de realizaciones, como respuesta a las innegables y fervorosas peticiones realizadas por sagrados amigos vájricos: lamas, tulkus, monjes y los benefactores residentes en Boudhanath, con presentes de auspiciosas sustancias y muchas rupias del glorioso Nepal, cuando la mente del inmensurablemente amable señor y protector –Dudjom Jigdral Yeshe Dorje Rimpoché– entró en la vasta extensión de la gran paz esencial (el 17 de enero de 1987). Que gracias a las bendiciones de los gurus, buddhas y bodhisattvas se conceda esta oración.*

***

ORACIÓN A DUDJOM YANGSI RIMPOCHÉ

La oración de Chatral Rimpoché obtuvo respuesta en 1990 con el nacimiento de Dudjom Yangsi Rimpoché en el Tibet, que es el hijo del anterior hijo de Dudjom, Dola Rimpoché. A Chatral Rimpoché se le notificó la evidencia de que Dudjom Rimpoché se había reencarnado y confirmó que la criatura era realmente Dudjom Yangsi. Chatral Rimpoché consultó con Thinley Norbu Rimpoché –hijo de Dudjom Rimpoché– en Nueva York, para verificar la decisión, con la que Thinley Norbu coincidió.

Chatral Rimpoché escribió la siguiente oración para dar a Dudjom Yangsi su nombre, Sangye Pema Shaypa Drodul Rigdzin Thrinley Drupadey. Cada parte del nombre aparece incluida en la oración (como indican las cursivas).

> «Sobre los mil pétalos de benevolencia del *loto* del *despertar*,
>> una maravillosa emanación ha *florecido* desde el pistilo
>> y tomado una forma sin par para ser un regente del
>>> Buddha, un *pacificador de seres*.
> Aparece a causa del mérito abundante de sus afortunados
>> discípulos.
> Culminación de *poseedores de conocimiento*, con cuerpo,
>> habla y mente vájricos,
>> un Señor satisfacedor de deseos.
> A través de tu fluida *actividad iluminada*, concedes
>> todo lo que uno pudiera desear,
>>> colmando las aspiraciones de todos los seres vivos de
>>> los tres planos de existencia.[8]
> Ruego que vivas largo tiempo en la *imperecedera* esencia.
> A través del poder de la verdad de las oceánicas Tres Joyas
>> y Tres Raíces,
>> y a través del poder y la fuerza de las cinco *clases* de
>> juramentados masculinos y femeninos,

que nuestra propia aspiración y la de otros dé fruto
de manera espontánea.
¡Y que resplandezca la gran tarea de beneficiar el Dharma y
a todos los seres!»

En Shayu Do, en la región del Kham, el niño nacido en la familia del supremo maestro espiritual Tulku Jigmed Chökyi Ñima ha sido indiscutiblemente reconocido como el tercer Dudjom Rimpoché, la reencarnación del Señor de Refugio Dudjom Jigdral Yeshe Dorje Rimpoché. Como muchas figuras imparciales bien conocidas de las escuelas antiguas y nuevas han confirmado unánimemente las profecías y señales, estoy seguro de que es cierto. Así pues, yo, Sangye Dorje –el tonto e inútil servidor de la última encarnación de su señor–, he escrito descuidadamente esta corta oración de larga vida ofreciendo un nombre. ¡Que sea virtuoso!

En 1994, Chatral Rimpoché presidió la entronización de Dudjom Yangsi Rimpoché en Godavari, Nepal, a la que asistieron unas doce mil personas, incluyendo a muchos e importantes lamas de la tradición Ñingma. Desde entonces ha servido como *guru* raíz de Dudjom Yangsi Rimpoché, responsable de supervisar su educación y desarrollo espiritual. La infalible relación que comparten, que se ha alargado durante más de sesenta años y dos encarnaciones, ha conservado realmente el potente elixir de liberadoras enseñanzas dhármicas en beneficio de todos los seres sensibles del futuro.

8. RECOMENDACIÓN PARA LOS PRACTICANTES ÑINGMA

Pronunciada por Chatral Rimpoché con motivo del Festival Ñingma Monlam Chenmo del año 2000

Como soy el de más edad de los lamas Ñingma, se me ha pedido que comparta algunos humildes pensamientos y opiniones con quienes se han reunido aquí este año, en el lugar sagrado de Bodhgaya, India, con ocasión del Undécimo Festival Anual de Grandes Plegarias de la Escuela de la Traducción Antigua. Así pues, pronunciaré unas palabras de recomendación para expresar mi punto de vista, que espero que todos escuchen con atención.[1]

En primer lugar, me alegro enormemente de que gracias a la bondad de muchos benefactores y voluntarios, el gran Festival Ñingma de Oración haya podido celebrarse durante tantos años y que yo –un anciano– tuviese la oportunidad de asistir los tres primeros años.

Ahora, como todos somos seguidores del Buddha, deberíamos saber que consumir carne y alcohol es muy malo. Eso es lo principal que debemos dejar de lado. Así que el hecho de que todo el mundo haya estado de acuerdo en dejar la carne y el alcohol [durante el Gran Festival de Oración] y de que se hayan dado cuenta de que no necesitamos esas cosas, es resultado de la compasión de los buddhas.[2]

Algunos de vosotros tenían muchas responsabilidades y asuntos que atender –como ocuparos de vuestras esposas e hijos–, y en realidad y por lo tanto no podían realizar grandes acciones en beneficio de las Enseñanzas del Buddha.

En cuanto a la excelente tradición del Gran Festival de Oración Ñingma, se creó, principalmente, para preservar y difundir las enseñanzas del Señor Buddha, y en particular las de la luminosa tradición Vajrayana de la Escuela de la Traducción Antigua, que está dotada de la especial grandeza séxtuple.[3] No hay que mezclar el Dharma con los asuntos mundanos, porque éste Festival se ha creado con el único propósito del Dharma. Por ello, si permitimos que ambas cosas se mezclen, sería como poner agua y fuego en el mismo recipiente. Si el fuego es muy intenso, el agua acabará desapareciendo. Si el agua predomina, el fuego se extinguirá. Así que no mezclemos la política en esto.[4]

¿Qué necesitamos, por encima de todo, para desarrollar *bodhicitta*?[5] ¿No es cierto que todos los seres de los seis reinos –habiendo pasado por el *bardo*[6] y reencarnado tantas veces– han sido en uno u otro momento nuestros padres? Siguiendo sin cesar el camino del Mahayana enseñado por el Buddha, todos los sufrimientos temporales, tanto sutiles como groseros, acabarán apaciguándose en todo el mundo. Los beneficios temporales y esenciales de la felicidad y la bondad no harán más que aumentar.

En los días que corren vivimos en la era de las cinco degeneraciones,[7] también llamadas las "cinco insuperables". En estos tiempos bravíos y desordenados, y a causa de asuntos como la proliferación de muchos tipos de armas malignas y de la difusión de distintos tipos de drogas venenosas como el tabaco, las enseñanzas del Buddha están siendo apartadas, congeladas como por una escarcha inoportuna. La explicación y práctica de estas preciadas enseñanzas se enfrentan, se lo mire por donde se lo mire, a muchas dificultades y obstáculos. Pocas son las condiciones favorables. Es como un estanque que ha perdido el agua a causa de la sequía o una lámpara de manteca que se ha quedado sin aceite. Todo el mundo sabe y entiende que eso es lo que sucede. Así que concentrarse en restaurar esas enseñanzas es lo que queremos decir aquí con "contribuir a la paz mundial". Además de eso, uno no puede simplemente coger la "paz" de un país y exportarla a otro. Cada país o estado cuenta con una persona como líder, y distintos tipos de fuerzas oscuras han transformado las mentes de todos ellos, haciendo que consideren a sus vecinos con menosprecio; los pequeños consideran a los grandes con envidia, y éstos tratan a los pequeños con desprecio, y los del mismo tamaño se considerar entre sí como competidores. A causa de esos prejuicios, se meten en todo tipo de guerras. Aunque el país en el que vivimos está ahora en paz, la guerra puede estallar en cualquier lugar. Esos conflictos son tan numerosos como las briznas de hierba que crecen en las praderas en estío o las titilantes estrellas que aparecen por la noche una vez que se pone el sol. Es algo tangible que podemos ver con nuestros propios ojos. Así que recitamos oraciones aspirativas a fin de pacificar esas hostilidades.

Las oraciones que estamos utilizando en este Festival son "Recitar los nombres de Mañjushri"[8] –la quintaesencia tanto de *sutras* como de *tantras*–, y "El rey de todas las aspiraciones"[9] es, según los *sutras*, la oración más importante. Estas enseñanzas cuentan con el significado completo en sí mismas tanto de los *sutras* como de los *tantras*. También, junto con las anteriores, recitamos "El tesoro de la bendición: un *sadhana* del Buddha[10], concluyendo cada día con una oración para que florezcan las enseñanzas de la tradición Ñingma, llamada "Las palabras que deleitan al rey dhármico", ambas compuestas por Jamgon Mipham Rimpoché (1846/1912). Se trata de oraciones que todos deberíamos incluir en nuestra práctica diaria. Si eso no fuera posible, al menos no deberíamos dejar de recitarlas el décimo y vigésimo quinto días del mes lunar.

Sería erróneo afirmar, como hacen algunos, que si no

recitamos oraciones siendo conscientes de su significado, entonces no hacemos más que pronunciar palabras absurdas sin ningún beneficio, como banderas de oración ondeando al viento. Sin embargo, existen diferencias en el nivel de beneficios y bendiciones derivados de las oraciones, dependiendo de la manera como se reciten. Por ello, y tenedlo bien en cuenta, al principio de la práctica generan *bodhicitta*. Durante la práctica principal, algunos usan un objeto de concentración y otros practican sin tal objeto; cada persona debe hacer lo que corresponda a su nivel. Al final, uno debe dedicar el mérito de forma que sea puro desde las tres esferas conceptuales,[11] de la mejor manera posible. Lo más importante y esencial a la hora de lograr que este Gran Festival de Oración tenga un sentido, es depender de esas tres etapas de la práctica: generación de *bodhicitta*, práctica principal y dedicación de mérito. Todos deben pasar por las tres etapas de la práctica.

Sobre todo porque nosotros, que seguimos de la tradición de la Escuela de la Traducción Antigua, Ñingma, en cuestión de la visión no deberíamos extraviarnos, y en cuestión de conducta, no hay que perder de vista la visión. Tal y como dijo Guru Rimpoché:

> «En la dirección de la visión, si la conducta se pierde, la visión va a parar al deslustrado y empañado estado de Mara.[12] En cuestión de conducta, si se pierde la visión, quedando atrapada en las esperanzas y temores del materialismo y la ideología, la auténtica liberación nunca llegará y no habrá manera de realizar el nivel del estado unificado».[13]

Es necesario entenderlo. Lamas, *tulkus*[14] y *khenpos*[15] han estudiado muchos textos y lo saben y comprenden, así que no es necesario que se lo recuerde más.

Hoy en día se abren muchas academias de filosofía y centros de retiro de nuestra tradición Ñingma. Lo que he dicho hasta ahora no se diferencia mucho de lo que explican los profesores en esos centros y de lo que escuchan los estudiantes. Como resultado de nuestra formación participamos en esta gran reunión de Bodhgaya durante el duodécimo mes lunar, siendo el décimo octavo día de este mes el aniversario del fallecimiento del omnisciente Longchen Rabjam.[16] Antes de que llegue ese día –desde el primero al décimo– nos esforzaremos en perfeccionar las acumulaciones [de mérito y sabiduría] y en purificar las oscuridades.

Muchos devotos que tienen su fe puesta en las Tres Joyas y, sobre todo en este Gran Festival de Oración de la Escuela de la Traducción Antigua del Mantrayana secreto, han realizado ofrendas en beneficio de quienes han muerto, de los indefensos que carecen de protector y de todos los seres vivos. Los devotos que están en situación de recibir esas ofrendas las han aceptado. Estas ofrendas religiosas realizadas con el único propósito de ayudar a los muertos y a los vivos, no son algo que deba tomarse a la ligera.[17] Reflexionando sobre el sentido de esas ofrendas religiosas, todos deberíais realizar oraciones dedicatorias y aspiraciones puras por los muertos.

En beneficio de los vivos, debemos servirlas con un ritual de oración protector de larga vida y prosperidad según sus respectivos deseos internos. Tras consultar con los astrólogos y adivinos, cuando se anuncie la lista de oraciones a recitar en la *puja*[18] para ayudar a esa persona, aseguraos de llevar a cabo el servicio de manera correcta. No sería beneficioso no recitar las oraciones y decir la dedicatoria, disfrutando sólo nosotros de las ofrendas. ¡Acabaría convirtiéndose en una pesada carga kármica! Debemos llevar a cabo esta importante responsabilidad con resolución, y poner un sello en la práctica realizando las oraciones de aspiración y dedicación. Si echáis una gota de agua en el océano, ésta no se secará hasta que lo haga el propio océano. De igual modo, a través de la virtud de sellar la práctica con oraciones de dedicación, los beneficios de la práctica no se pudrirán ni decaerán hasta que realicéis la buddheidad. Es deseo del Buddha que esta virtud no se malbarate; es la auténtica esencia de las enseñanzas sin mácula de los *panditas* buddhistas. Todos debéis comprender esto muy bien; llevad a cabo las tres etapas de práctica completas.

Ahora bien, en términos de conducta, se dice que los monjes Ñingma pelean y golpean a la gente. Los monjes Ñingma no mantienen sus votos o *samaya*.[19] Los monjes Ñingma roban. Cuando escucho ese tipo de cosas es como si unas espinas atravesasen mi corazón. Nosotros, los viejos lamas, nos preocupamos y nos sentimos responsables de todo ello. Aseguraos de que ese tipo de comportamiento disminuye con los años. Los líderes deben aceptar la responsabilidad y poner fin a todo esto. Y todos los discípulos deben seguir humildemente las lecciones dadas por nosotros, los mayores, con toda humildad. Jóvenes que escucháis ahora, debéis obtener dominio sobre vuestro cuerpo, palabra y mente, y aseguraros de que seguís una buena disciplina.[20]

En un lugar sagrado como éste y con motivo de un acontecimiento especial como el que nos reúne, cuando tiene lugar una reunión oceánica de personas así, entre ellas se encontrarán algunos de los grandes y santos maestros. Sean quienes fueren los que se hallen presentes, deben ofrecer consejo como estoy haciendo yo, y todo el mundo debe respetar y seguir sus recomendaciones. De hacerlo, sólo tenéis que imaginar de qué modo y con qué esplendor se desarrollarían las enseñanzas de la Escuela Ñingma de la Traducción Antigua, muy por encima de donde están ahora. De no hacerlo y si intentáis pasar la responsabilidad a otros, las enseñanzas serán descuidadas y la gente no escuchará. Y aunque algunos tengan capacidad para enseñar, no utilizarán dicha capacidad. El resto de la gente o bien desconoce o comprende muy poco el sentido de las enseñanzas y dice cosas innecesarias.

Hay unos cuantos que consideran que no es necesario explicar cuestiones generales a otros porque no están interesados o porque no soportan aceptar grandes responsabilidades. Creo que es una equivocación. Quienes tienen responsabilidades deben aconsejar a los que carecen de ellas, animándoles a trabajar en su disciplina, para que mejore año tras año hasta afianzarse. Si lográis situar a un ser en el camino de la disciplina, permanecerá en ese camino al menos durante cien años; y luego, mientras perdure el Buddhadharma, existirá armonía en el monasterio, con una buena y clara disciplina y ninguna razón para la crítica o los juicios de valor. Los *ñingmapas* y el resto de las tradiciones religiosas cuentan con sus propias reglas de disciplina. Cada uno debe hacerse responsable de su propia situación. Los *ñingmapas* no pueden responsabilizarse de las otras tradiciones... No puede ser.

Todos nosotros, *ñingmapas*, hemos llegado de una de las tres provincias, de las regiones superior, inferior o central del Tibet, o bien ha nacido en la noble tierra de la India, en Nepal, o en cualquier parte de la cordillera del Himalaya al este de Ladakh. Hay cientos de monasterios Ñingma –grandes y pequeños– en esas zonas. En esos monasterios, lo que se conoce como el Sangha –la comunidad monástica– debe distinguir entre lo que hay que realizar y lo que hay que evitar de acuerdo a la formación triple[21] y las Disposiciones del Tripitaka.[22] Al hacerlo, el llamado "noble Sangha" querrá decir lo mismo tanto de nombre como de sentido. Tal y como se afirma: «No hay ningún guía como el Buddha. No hay ningún protector como el Dharma. No hay ningún terreno fértil[23] como el Sangha. Hay que confiar siempre en los tres». Al decirlo, debéis comprender también que, al ser una de las figuras de las Tres Joyas, el Sangha debe comprometerse seriamente con las enseñanzas del Buddha y animar a otros a hacerlo. Eso es lo que significa ser "poseedores de las Enseñanzas".

Aparte de eso, y aunque uno sea un afortunado hombre de negocios –por muy bien que se le dé amasar riquezas–, una mansión no le convertirá en un poseedor del Buddhadharma. La naturaleza de la vestimenta que se lleve tampoco convierte a nadie en un poseedor de las enseñanzas. Ni siquiera vestir hábitos monacales nos convierte en poseedores de las enseñanzas. En realidad, y aunque una persona sea un simple mendigo, si está en armonía con el Dharma podrá llamársele una gran persona que posee las enseñanzas.

Si no sois así, y aunque uno crea ser un poseedor de las enseñanzas al ocupar distintos cargos como la cabecera de una fila de asientos[24] o sentarse exclusivamente en un encumbrado trono, será difícil que podáis consideraros poseedores de las enseñanzas, dependiendo de cómo viváis. Si uno habla sólo de acuerdo con el Dharma, podría ofender a unos cuantos. Si lo que digo os parece erróneo, por favor, perdonadme. Lo confieso. Es un error mío. Es una distorsión, una falta de conocimiento. Puede que sólo se trate del consejo de un viejo tonto, no lo sé. Como viejo que dice precisamente esas cosas, no estoy sino proclamando todos los pensamientos de mi mente. Es posible que sea así, que no exista necesidad de que hable de estos temas, que esté hablando de algo de lo que no tengo derecho a hablar y diciendo cosas sin sentido. Todo el mundo puede cometer un error así, no sólo yo.

Todos decían que no era necesario hacer recomendaciones en el Gran Festival de Oración de este año. Así que Kusang Lama [el asistente de Penor Rimpoché] llegó a mi presencia y vino a Yangleshöd. En aquel momento yo estaba muy ocupado atendiendo a unos benefactores en otro lugar del valle de

Katmandú, y aunque tenía prisa, he venido a Yangleshöd. En cuando salí del coche, pronuncié espontáneamente esta recomendación, sin tiempo para consultar textos o escribirlo. No era necesario tampoco. No espero que aparezca en la estantería de la biblioteca de una universidad filosófica budista. Entre nosotros, los lamas Ñingma más ancianos, hablamos de que este año alguien debería explicar cómo debía mantenerse la disciplina. Ésa era la opinión de otros y me parece a mí que tenían razón. Hay otros lamas que no se sentirían cómodos teniendo que escuchar las recomendaciones de alguien desconocido, así que ése es el motivo por el que alguien como yo, a quien se conoce como "lama", esté hablando.

Los lamas, *tulkus* y *khenpos* que están informados y cualificados para dar consejo, deberían darlo. De otro modo, quienes no hacen más que hablar de chismorreos sin sentido no provocarán sino conflictos. No existe beneficio alguno en decir cosas que no hacen otra cosa que aumentar nuestro apego, cólera e ignorancia. Hablar de este modo perjudicará las enseñanzas del Buddha y no ayudará a nadie.

En beneficio de todos los seres, todos los practicantes de las enseñanzas Ñingma, la Escuela de la Traducción Antigua, que vivan en monasterios grandes o pequeños, del norte, centro o sur del Tibet, en una ermita montañosa, en un centro de estudios con sólo cuatro monjes, o incluso si practican solos; para todos vosotros, año tras año, cuando volváis a reuniros de nuevo aquí con motivo de esta celebración, debéis ser responsables y mantener vuestra disciplina. Durante este período de diez días no hace falta que digáis nada si no tenéis nada bueno que decir. Debéis comportaros de tal manera que nadie pueda albergar razón alguna para criticaros o hablar mal de vuestra conducta, para así ser un ejemplo perfecto que guíe a los fieles y sea digno objeto de la acumulación de mérito de los benefactores.

Ruego y espero que este acontecimiento llegue a estar

muy bien gracias a su planificación al principio, el medio y el final. De ser así servirá para fomentar la longevidad de los grandes y santos seres que poseen las enseñanzas del Dharma. A largo plazo, también ayudará a las valiosas enseñanzas del Buddha a través de los dos *chakras*[25] de enseñanza y práctica, para que no se marchiten y en lugar de ello se difundan y florezcan ahora y para siempre en los cuatro tiempos[26] y las diez direcciones, permaneciendo por mucho tiempo.

Durante esta era degenerada de nuestro mundo externo, tienen lugar muchos desastres naturales debidos a la perturbación de los cuatro elementos.[27] También hay que tener en cuenta la manifestación de fuerzas demoníacas que con sus numerosas armas incitan a desencadenar guerras. Todas estas fuerzas han hecho que el mundo se dirija hacia la ruina y que todos tiemblen de miedo, tan aterrados que se les eriza el pelo. No obstante, las fuerzas demoníacas consideran necesario manifestar muchos y nuevos tipos de armas. Si tuviéramos que enfrentarnos a ellas, no habría posibilidad alguna de que nosotros, los practicantes del Dharma, pudiéramos derrotarlas. Por eso dirigimos suplicantes oraciones hacia las Tres Joyas, pronunciamos las oraciones aspirativas, las oraciones ofertantes y las invocatorias. Somos responsables de esas actividades. Eso es lo que os apremio a hacer. Así pues, en esta gran reunión, pensad por favor en la pacificación de todas esas fuerzas.

Como no creo que haya nada desconsiderado o inaceptable en esta recomendación, escuchadla por favor con cuidado y de corazón. De hacerlo así, cuando finalice el Gran Festival de Oración, tendréis buenas razones para sentiros felices y podréis disfrutar del mérito acumulado. Así que, ¡por favor, que sea así como suceda! ¡Que disfrutéis de larga vida! Por favor –todos vosotros–, llevad a cabo grandes oraciones aspirativas para que las valiosas enseñanzas del Victorioso puedan florecer en las diez direcciones. Eso es todo lo que tiene que decir un anciano como yo. Que todos guardéis estos consejos en vuestras mentes.

Esta recomendación oral fue grabada y transcrita en 2000, siendo traducida del tibetano por Zach Larson con la ayuda de Tsetan Chonjore y Thinley Dhondrup en 2004.

9. CONSEJOS

Namo Gurubhyah[1]

«Precioso maestro de bondad impagable, Pema Ledrel Tsal,[2]
  ruego que permanezcas como el ornamento coronario
  encima de mi cabeza.
¡Concede tus bendiciones de manera que podamos hallar
  libertad aquí y ahora
  respecto de todos los sufrimientos del *samsara* y sus
  reinos inferiores!

Escuchad bien, queridos discípulos aquí reunidos.
Y aquellos cuyos corazones no hayan sido echados a perder,
  que consideren lo siguiente:

  las opciones de lograr una existencia humana son una
    entre ciento.
Ahora que habéis conseguido una, si fracasáis a la hora de
  practicar el sublime Dharma,
  ¿cómo podéis esperar volver a dar con una oportunidad
    así?
Por eso es vital que aprovechéis esta situación.
Concebid vuestro cuerpo como un servidor o como algo que
  os transporta,
  no le permitáis ser gandul ni por un instante;
  utilizadlo bien, estimulad todo el cuerpo, la palabra y
    a mente hacia la virtud.

Podéis pasaros la vida buscando únicamente comida y vestido,
esforzándose mucho y sin ningún interés por el
sufrimiento ni los actos que lo causan,
pero cuando muráis no podréis llevaros ni una sola cosa
con vosotros; pensad bien en ello.
Todo lo que necesitáis son el hábito y las limosnas.
Podéis regalaros con los más deliciosos manjares de carne
y alcohol,
pero a la mañana siguiente se habrán convertido en algo
impuro,
y eso es todo lo que restará.
Así que contentaos con provisiones que ayudan a vivir y con
ropas simples,
y sed perdedores cuando se trate de comida, ropa y
conversación.

Si no reflexionáis en la muerte y la impermanencia
no habrá manera de practicar el Dharma con pureza,
pues la práctica no será sino una aspiración, siempre
pospuesta,
y os arrepentiréis de ello el día en que os llegue la muerte,
¡pero entonces será demasiado tarde!

No hay auténtica felicidad entre ninguna de las seis clases de
seres,
pero si consideramos los sufrimientos de los tres reinos
inferiores,
entonces, si sólo con escuchar hablar de ellos te pones
enfermo,
¿cómo lograrás hacerles frente cuando te toque
experimentarlos?
Incluso las alegrías y placeres de los tres reinos superiores
no son sino como manjares impregnados de veneno...
Deliciosos al principio, pero a la larga provocan la ruina.

Y todavía más, todas esas experiencias de placer y dolor
  están únicamente provocadas por ti mismo.
Son producidas por tus propias acciones, buenas y malas.
Una vez que lo tengas claro, es crucial que actúes de acuerdo
  con ello,
    sin confundir lo que hay que adoptar con lo que hay que
    abandonar.[3]

Es mucho mejor que elimines tus dudas e ideas equivocadas
  confiando en la instrucción de tu propio maestro
  cualificado,
    que recibir muchas y diferentes enseñanzas para no llegar
    a ninguna parte.

Puedes quedarte en un lugar solitario, aislado físicamente del
  mundo,
    y, no obstante, no lograr soltar las preocupaciones
    ordinarias y, cayendo en el apego y la aversión,
    intentar derrotar a tus enemigos a la vez que tratas de
    aumentar el interés de tus amigos,
    implicándote en todo tipo de proyectos y tratos financieros.
Es difícil pensar en algo peor que eso.

Si careces de la verdadera riqueza del contento de la mente,
    creerás que necesitas todo tipo de cosas inútiles
    y acabarás todavía peor que una persona corriente,
    porque no llegarás ni siquiera a iniciar una sesión de
    práctica.
Concentra tu mente en la liberación de no desear nada.
Salud, éxito y posición son simplemente maneras de atraer
    enemigos y demonios.
Los practicantes en busca del placer que fracasan en apartar
    sus mentes de las preocupaciones mundanas
    cercenan su conexión con el auténtico Dharma.

Ten mucho cuidado y evita volverte testarudamente insensible
a las enseñanzas.
Limítate a unas pocas actividades y realízalas con diligencia
sin permitir que tu mente se inquiete ni agite.
Siéntate cómodamente en tu cabaña de retiro;
ésa es la manera más segura de alcanzar la riqueza de un
practicante del Dharma.

Puedes permanecer aislado en estricto retiro durante meses o
incluso años,
pero si fracasas a la hora de progresar en el estado de tu
mente,
más adelante, cuando le cuentes a todo el mundo lo que
hiciste en un período tan largo,
¿no estarás acaso jactándote de todas tus dificultades
e indigencia?
Todas sus alabanzas y reconocimientos sólo te harán sentir
orgullo.

Soportar el maltrato de nuestros enemigos es la mejor forma
de austeridad,
pero quienes odian ser criticados y están apegados a los
cumplidos,
los que se esfuerzan en descubrir todos los defectos
ajenos,
además de fracasar a la hora de mantener la guardia sobre
sus propios flujos mentales,
están siempre irritables y de mal humor,
y provocan grietas de *samaya* en todos sus conocidos.
Así que confiad constantemente en la percepción atenta,
la vigilancia y la consciencia.

No importa dónde os encontréis, en un lugar atestado o un
retiro solitario,

lo único que debéis conquistar son los cinco venenos[4]
  mentales
y vuestros propios y auténticos enemigos, las ocho
  preocupaciones mundanales.
Nada más.
Hacedlo tanto si es evitándolos, transformándolos, tomándolos
  como camino u observando su verdadera esencia.
Utilizad cualquier método adecuado para vuestras
  capacidades.

No hay mejor signo de realización que una mente disciplinada.
Ésta es una auténtica victoria para el guerrero que no lleva
  armas.
Cuando practicas las enseñanzas de los *sutras* y los *tantras*
  es crucial el altruista *bodhicitta* de aspiración y
    aplicación,
  porque constituye la auténtica raíz del Mahayana.
Basta con contar con ello, pues sin ello, todo está perdido.»

*Estos consejos fueron pronunciados en la arboleda oculta de
Padma, en el lugar llamado Kunzang Chöling, en la ermita
de arriba, en un claro del bosque, por el anciano mendigo
Sangye Dorje. ¡Que genere virtud!*

Traducido por Adam Pearcey, Lotsawahouse.org

***

ORACIONES POR LA LARGA VIDA
DE CHATRAL RIMPOCHÉ

«OM SVASTI

A través de la compasión y del poder de las aspiraciones del
  Guru de Uddiyana[5] y de su comitiva
  has tomado el excelente nacimiento de Sangye Dorje,
    el héroe espiritual;
  que tus pies de loto permanezcan firmes durante cientos
    de eones.
¡Que la gran empresa de pacificar a los seres y tu actividad
  iluminada florezcan y alcancen su objetivo final!»

*Escrita por Chatral Rimpoché a petición de Wangchen Pal-
mo. Traducida por Zach Larson.*

«En particular, que puedas, mágica demostración de la
  mente de Guru Padmasambhava,
  alzarte victorioso en la batalla con los incorregibles
    y erróneos puntos de vista de la edad oscura
  y aumentar todavía más el alcance del Dharma para
    colmar nuestras metas.
Que tu vida dure cien años,
  resplandeciendo con las señales virtuosas que cumplen
    de manera espontánea los dos beneficios,[6]
  ¡para que los sonidos de las secretas enseñanzas permeen
    los tres mundos!».[7]

Escrita por Dudjom Rimpoché.
Traducida por Erik Pema Kunsang.

«OM SVASTI

La gran y gozosa omnipresente sabiduría–vaciedad,
   la divinidad absoluta,
   dotada de los siete aspectos de integración indestructibles
      y de vida ilimitada,
   asamblea de Vidyadaras realizados e inmortales,
   aquí y ahora, conferid la gloria de la realización a estas
      palabras sinceras.

Samantabhadra,[8] primordialmente libre de destrucción
   y disolución,
   el guía final, suprema sabiduría, innata y natural,
   envía en este momento, a través de la reunión oceánica de
      las Tres Raíces inseparables, abundantes bendiciones
      de indestructible realización.
Sobre la base de la perfecta ecuanimidad, de la inconmovible
   pureza primordial,
   libre de esperanzas y temores, apegos y desapegos,
   los extraordinarios cuerpo, palabra y mente
   están completos en la esencia de perfecta permanencia,
      libres de la muerte y la transformación,
   madurando como el estado innato, absoluto e inmortal.

A través de la suprema demostración del gesto de gozo
   y vaciedad indeliberado,
   lo gobierna todo bajo la forma de un audaz héroe
      espiritual, espontáneamente perfecto.
Que viva largo tiempo, libre de la decadencia y de repetidos
   nacimientos y muertes,
   que no nos deje, sino que continúe presente, firme como
      la esencia del Dharmakaya,
   apareciendo en formas inimaginables ante sus discípulos,
      ante mí y otros.

Completo con las marcas mayores y menores,
   el gran *mandala* de realización,
   que viva en la esencia de infinita longevidad.
Y que nos guíe y alimente para siempre con su mente
   de sabiduría.»

Ésta es una petición para que mi lama raíz, que posee una gran bondad, cuente con larga vida y se mantenga firme durante cientos de eones, para que yo y otros discípulos podamos hacer girar la rueda del Dharma ininterrumpidamente. Escrita la mañana del decimoquinto día del tercer mes tibetano del año del Pájaro por el más ínfimo de sus discípulos, el llamado Shyalpa Jigme Tenzin Wangpo.

«OM SVASTI

Que el glorioso Señor de Refugio, Chatral Sangye Dorje,
   cuyo cuerpo es Vajrasattva, resplandeciendo de pura luz,
   bendiga a todos los que estén en su presencia; cuya
      palabra es Samantabhadra, conteniendo la sublime
      Verdad del Dharmakaya y las liberadoras enseñanzas
      de Dzogpa Chenpo;
   cuya mente es Guru Padmasambhava, subyugando
      fuerzas negativas y pacificando a los seres de esta
      era degenerada;
   cuyas cualidades son iguales a las de todos los buddhas
      del pasado, presente y futuro,
   cuya actividad es Avalokiteshvara, manifestándose allí
      donde se le necesita para conducir a los seres por
      el camino de la iluminación con una compasión infinita;
   por favor, continúa bendiciéndonos con tu iluminada
      presencia hasta que todos los seres residan en el

beatífico estado más allá del sufrimiento;
que tu vida permanezca segura y sin obstáculos mientras
   los seres sensibles continúen en el Samsara
   e infinitamente tranquila luego;
que la noble visión de supremo *bodhicitta*[9] que
   tú representas se manifieste en todos los seres
   espontánea y fácilmente, como un campo infinito
   de lotos reventones.»

Esta oración fue escrita el vigésimo noveno día de octubre de
2004, con gran devoción y aspiración por el practicante laico
Ngawang Yönten en Yangleshöd, la cueva de Guru
Padmasambhava, en Nepal. ¡Que genere virtud!

***

DEDICACIÓN DEL MÉRITO

«Que a través de este mérito,[10] puedan todos los seres
   alcanzar el nivel que trasciende las limitaciones
   de Samsara y Nirvana.
Que al derrotar a los ejércitos de Mara, puedan alcanzar
   de manera magistral el gran reino de Samantabhadra.

Que los dos beneficios se manifiesten espontáneamente
   y que resplandezcan la idoneidad y el esplendor.»

APÉNDICE I

El linaje Dudjom Tersar de Chatral Rimpoché

Samantabhadra (esfera del Dharmakaya)
↓
Vajrasattva (esfera del Sambhogakaya)
↓
Garab Dorje (esfera del Nirmanakaya)
↓
Mañjushrimitra
↓
Sri Singha
↓
Guru Padmasambhava
↓
Khandro Yeshe Tsogyal
↓
Terchen Dudjom Lingpa
(1835/1904)
↓   ↘

Gyurme Ngedon Wangpo   Dorje Dradül
↓   (1891/1959)

Dudjom Rimpoché
(1904/1987)
↓
Chatral Sangye Dorje Rimpoché
(1913 hasta el presente)

APÉNDICE II

El linaje Ñingthig de Chatral Rimpoché

Samantabhadra (esfera del Dharmakaya)
↓
Vajrasattva (esfera del Sambhogakaya)
↓
Garab Dorje (esfera del Nirmanakaya)
↓
Mañjushrimitra
↓
Sri Singha
↓
Yeshe Do
↓
Vimalamitra
↓
Guru Padmasambhava
↓
Longchen Rabjam
(1308/1363)
↓
Rigzin Jigme Lingpa
(1729/1798)
↓
Jigme Gyalwai Ñugu
(1765/1843)
↓

Patrul Rimpoché
(1808/1887)

Lungtok Tenpai Ñima
(1829/1901)

Khenpo Ngawang Palzang
(1879/1941)

Chatral Sangye Dorje Rimpoché
(1913 hasta el presente)

APÉNDICE III

El linaje Sera Khandro de Chatral Rimpoché

Tersay Drimed Özer
(1881/1924)

Khandro Dewai Dorje   Chödak Tsultrim Dorje
(1899/1952)

Chatral Sangye Dorje Rimpoché
(1913 hasta el presente)

APÉNDICE IV

"ORACIÓN DE SIETE LÍNEAS A GURU RIMPOCHÉ"

HÜNG ORGYEN YÜL GI NÜB CHANG TSAM
HUNG En la frontera noroeste del país de Uddiyana

PEMA GESAR DÖNG PO LA
En el pistilo de un loto,

YA TSEN CHÖG GI NGÖ DRÜB ÑE
Has alcanzado las más maravillosas y supremas realizaciones.

PEMA JÜNG NAY SHAY SU DRA
Eres conocido como el Nacido del Loto

KHOR DÜ KHANDRO MANGPO KOR
Rodeado de tu cortejo de numerosas *dakinis*.

KHAY JI JE SÜ DÄG DRÜB GI
Te sigo en mi práctica,

CHIN GI LOB CHIR SHÉ SU SOL
ruego que me confieras tus bendiciones.

GURU PEMA SIDDHI HÜNG
Oh Guru Nacido del Loto, por favor ayúdame a alcanzar tus realizaciones.

NOTAS

1. CHATRAL RIMPOCHÉ: LA VIDE DE UNA LEYENDA

1. Kyabje significa "Señor de Refugio" y es un título que en el buddhismo tibetano se otorga a figuras muy veneradas.

2. Chatral Rimpoché nació el décimo día del quinto mes del año nuevo tibetano, que en 1913 fue el año del Búfalo de Agua. Este día suele caer por lo general en junio. Su cumpleaños es el mismo día en que Guru Padmasambhava tomó la forma de Guru Dorje Drölo, una manifestación iracunda que utilizó en Bután para subyugar a las divinidades y guardianes locales, convirtiéndolos en protectores de las enseñanzas *termas* ocultas.

3. Dudjom Rimpoché, *Practice of the Mountain Retreat Expounded Simply and Directly in Its Essential Nakedness.*

4. Terma significa "tesoro" y hace referencia a los centenares de enseñanzas escondidas por Guru Padmasambhava por todo el Tibet para ser reveladas por los "descubridores de tesoros", llamados *tertönes*. Véase el Capítulo 6 para obtener más detalles acerca de los *termas*.

5. Véase el Apéndice I para la tabla del linaje de Dudjom Tersar.

6. Véase el Apéndice II para la tabla del linaje de Sera Khandro.

7. Khenpo Ngawang Palzang, popularmente conocido como Khenpo Ngakchung, está vinculado con la figura central de la tradición Longchen Ñingthig –Longchen Rabjam– por su vasta erudición y elevada realización (véase también Capítulo 8, nota 16), De hecho, tuvo muchas visiones de Longchen Rabjam en las que recibía de éste iniciaciones y enseñanzas. De niño hizo milagros, incluyendo invertir la corriente de un río con una vara en forma de daga ritual, para evitar unas inundaciones. Estas señales asombrosas hicieron que se le reconociese como manifestación de Milamitra. Khenpo Ngakchung se convirtió en el discípulo de corazón de Lungtok Tenpai Ñima a muy temprana edad, y recibió todas las transmisiones Longchen Ñingthig de él. Estudió en profundidad en el monasterio de Dzogchen e inició diversos retiros a fin de dominar las enseñanzas. También escribió tex-

tos famosos sobre *trekchöd* y *tögyal*, y sirvió durante muchos años como abad del monasterio de Kathok.

8. Lungtok Tenpai Ñima, también llamado Ñoshul Lungtok.

9. *Dzogchen* (tib. *rdzogs pa chen po*) significa "Gran Perfección" se refiere a las enseñanzas más elevadas del linaje Ñingma.

10. La tradición Longchen Ñingthig es el linaje principal para la práctica de Dzogchen en la "Escuela de la Traducción Antigua" del buddhismo tibetano llamada Ñingma (véase nota 27). Longchen Ñingthig significa "Esencia de la Vasta Extensión" (véase Apéndice II para la tabla del linaje de Longchen Ñingthig).

11. *Ngöndro* significa "prácticas preliminares". Véase *The Words of My Perfect Teacher*, de Patrul Rimpoché, para más detalles acerca de las *ngöndro* de Longchen Ñingthig.

12. *Trekchöd* significa "atravesar hacia la pureza primordial".

13. *Tögyal* significa "cruzar hacia la presencia espontánea".

14. Khyentse Chökyi Lödro fue un importante maestro, una autoridad en casi todas las tradiciones y poseedor de casi todos los linajes del buddhismo tibetano. Fue una figura principal en el *rimay* (tib. *ris med*), un movimiento ecuménico no sectario del Tibet.

15. Yeshe Thaye y Pema Lhadren, "The Life Story of the Lord of Refuge", *Light of Lotus*, nº 3, junio de 2000, 11.

16. *Ibíd.*, 24.

17. Carroll Dunham e Ian Baker, *Tibet: Reflections from the Wheel of Life*. *Véase* http://www.kalachakra.org/articles/pilgrims.shtml

18. Dudjom Rimpoché, *op. cit.*

19. Thaye y Lhadren, "The Life Story of the Lord of Refuge", 25.

20. *Ibíd.*

21. Forma parte del voto personal del *bodhisattva* regresar para ayudar a los seres en tantas vidas futuras como haga falta para liberarlos a todos del sufrimiento. Conocidos como *tulkus* o "cuerpos de emanación", se hace referencia a esos grandes seres –incluyendo al Dalai Lama– con el sufijo de "Rimpoché", o "precioso".

22. Una *dakini* es un ser celestial femenino que, entre otras cosas, ayuda a Guru Padmasambhava en el descubrimiento y difusión de enseñanzas *termas*.

23. Thaye y Lhadren, "The Life Story of the Lord of Refuge", 12.

24. El nombre del *terma* Chogyur Lingpa al ser transmitido.

25. Erik Pema Kunsang y Marcia Binder Schmidt, *Blazing Splendor; The Memoirs of Tulku Urgyen Rimpoché*, 304-305.

26. A Guru Padmasambhava también se le llama el "Segundo Buddha", ya

que el Buddha Shakyamuni dijo a sus discípulos que volvería a manifestarse al cabo de ocho años para enseñar *tantras*, las prácticas avanzadas del buddhismo a través de las que se puede realizar la iluminación en una vida. Se dice que Guru Padmasambhava emergió de un loto en la forma de un niño de ocho años en Uddiyana (que se cree que está en el actual valle paquistaní de Swat), tal y como se había predicho. Contaba con otro manifestaciones principales, mediante las que estudió y practicó *tantra*. Fue invitado por el rey Trisong Deutsen (790/844) a pacificar las fuerzas que impedían la introducción del buddhismo en el Tibet, así que llegó allí para subyugar a muchos demonios y espíritus iracundos que se convertirían en protectores del buddhismo. Con la ayuda del gran maestro Khenpo Shantarakshita, creó el monasterio de Samye, el primero en el país, y luego introdujo el buddhismo en el Tibet con éxito.

27. La escuela Ñingma es la más antigua de las cuatro escuelas principales del buddhismo tibetano; las otras tres son Sakya, Kagyu y Geluk. Entre las grandes luminarias de la tradición Ñingma están Kyabje Dilgo Khyentse Rimpoché, Kyabje Ñoshul Khen Rimpoché y Kyabje Dudjom Rimpoché.

28. Yönru Chimey Dorje predijo, antes de que Chatral Rimpoché naciese: «La suprema manifestación de la mente de Guru Padmasambhava,/el niño bendecido por Vimalamitra/nacido en el año del Buey con el nombre de Vajra/diseminará el linaje de la práctica» (de Thaye y Lhadren, "The Life Story of the Lord of Refuge", 10.). Vimalamitra fue una de las grandes figuras de la escuela Ñingma en la época de Guru Padmasambhava, considerándose que Khenpo Ngawang Palzang es su emanación.

29. El 10 de marzo de 1959, miles de tibetanos en Lhasa –preocupados porque la seguridad del Dalai Lama parecía peligrar– iniciaron un alzamiento que duró tres días y dejó decenas de muertos. Los chinos suprimieron brutalmente la revuelta y a continuación el Dalai Lama huyó atravesando el Himalaya hacia la India. Desde entonces, cientos de miles de tibetanos se han exilado en Nepal, Bután, la India, Europa y los Estados Unidos.

30. Guru Padmasambhava profetizó: «cuando las aves de hierro vuelen y los caballos corran sobre ruedas, el pueblo tibetano estará disperso por la faz de la tierra y el Dharma llegará a la tierra de los pieles rojas».

31. Thaye y Lhadren, "The Life Story of the Lord of Refuge", 26.

32. De una entrevista realizada a Chatral Rimpoché en 2000, publicada en *Nonviolence in Tibetan Culture*, un proyecto de campo del colegio

universitario Wisconsin-Madison, encuadrado en el programa "Un año en Nepal". La primera sección, "Finding the Dharma in a Flesh-Based Diet", está disponible en http://online.sfsu.edu/~rone/Buddhism/BuddhismAnimalsVegetarian/VegMeatTibet.htm

33. *Sangyüm* significa "consorte" o "esposa". A diferencia del caso de los monjes, entre los yoguis no es infrecuente la práctica de tomar consortes en las últimas etapas de su vida. Otros grandes yoguis, como Dilgo Khyentse Rimpoché y Ñoshul Khen Rimpoché, también tuvieron consortes en la última etapa de sus vidas.

34. *Dharmakaya* significa "cuerpo del Dharma", y hace referencia al estado primordial de la realidad absoluta.

35. *The Asian Journal of Thomas Merton.* Nueva York: New Directions Books, 1968, 143-144.

36. Un *stupa* es un monumento buddhista de base cuadrada, una parte central en forma de flor de loto y una cúspide cónica, donde se han guardado textos y reliquias buddhistas. Los buddhistas realizan peregrinaciones a un *stupa* circunvalándolo en el sentido de las agujas del reloj mientras pronuncian oraciones. El *stupa* de Boudhanath, en el valle de Katmandú, tal vez sea el más grande y famoso del mundo, y es el punto central de la comunidad tibetana en Nepal.

37. Thaye y Lhadren, "The Life Story of the Lord of Refuge", 39.

38. Hay muchas historias acerca de Chatral Rimpoché poniendo a prueba a estudiantes occidentales que le piden enseñanzas, a fin de comprobar hasta dónde llega su devoción. A uno se le dijo que si recogía una serpiente venenosa que había en el suelo podría ser discípulo de Rimpoché. Según se cuenta, el hombre recogió la serpiente y a continuación se le permitió estudiar en uno de los centros de Rimpoché. Esas pruebas tan duras y difíciles no son nada fuera de lo común, y sirven para determinar si el nivel de devoción por el maestro es suficiente para que el discípulo pueda beneficiarse de las enseñanzas. Marpa, el maestro de Milarepa, le hizo pasar pruebas igualmente difíciles.

39. Chökyi Ñima Rimpoché es un lama de las escuelas de buddhismo tibetano de Kagyu y Ñingma. Cuenta con muchos discípulos occidentales que estudian en su centro de Boudha, Nepal, popularmente llamado "El *gompa* blanco".

40. Hace referencia a la realización de los cuatro *kayas* (Nirmanakaya, Sambhogakaya, Dharmakaya y Svabhavikakaya) sin punto de referencia de los tres tiempos (pasado, presente y futuro).

41. El estado de consciencia primordial más allá del pensamiento conceptual.

42. Véase http://gomde.dk/pages/biography/cnyima/mayum1.htm
43. Véase Apéndice IV para "Oración de siete líneas a Guru Padmasamb-hava".
44. Véase http://www.vajrayana.org/7line.html
45. Véase http://pages.cthome.net/tibetanbuddhism/thangka_qualifica-tions.htm
46. Sogyal Rimpoché, *The Tibetan Book of Living and Dying*. San Francisco: HarperCollins, 1994, 269-270.
47. De *The Thirty-seven Practices of a Bodhisattva*, véase http//buddhism.kalachakranet.org/resources/37_practices_Bodhisattva.html
48. Thaye y Lhadren, "The Life Story of the Lord of Refuge", 38.
49. Un nivel muy elevado de absorción meditativa en el que se experimenta la naturaleza no dual de la mente.
50. Khenpo Tendzin Özer, *Seed of Faith: A Biography of the Lord of Refuge, Chatral Sangye DorjeB*, traducido por Erik Pema Kunsang. En este fragmento, la palabra "JVALA" se ha cambiado por "con la radiante sílaba"; las palabras "letra YAM" se han cambiado por "sílaba YAM"; y las palabras "elemento de KHAM" se han cambiado por "sílaba elemental KHAM".
51. Thaye y Lhadren, "The Life Story of the Lord of Refuge", 10.

2. EL FIRME COMPROMISO ÉTICO DE CHATRAL RIMPOCHÉ

1. Tsetan Chonjore ayudó en la traducción de esta entrevista, que tuvo lugar en Yangleshöd en el año 2000.
2. El gran maestro Virupa se hallaba bebiendo una noche en una taberna cuando el tabernero le dijo que podía beber todo lo que quisiera gratis hasta el ocaso. Como no tenía más dinero encima, clavó el *purba* (daga ritual) en el suelo, en la confluencia entre sombra y luz, haciendo que se detuviesen e impidiendo que el sol se pusiese.
3. Thaye y Lhadren, "The Life Story of the Lord of Refuge", 34.
4. *Phowa* es la práctica de transferir la propia consciencia a través del canal central, por la coronilla de la cabeza, llamada "puerta de Brahma". A continuación se visualiza la consciencia entrando en el corazón del Buddha Amitabha. De este modo se puede controlar mejor la naturaleza de la próxima encarnación en el momento de la muerte.
5. Thaye y Lhadren, "The Life Story of the Lord of Refuge", 34.
6. *Lankavatara Sutra* (en tib. *Lang kar gShegs pa'i mDo*).
7. En la cosmología buddhista existen seis reinos o esferas de existencia samsárica, todos ellos caracterizados por sus propios tipos de sufrimiento. El reino de los dioses se caracteriza por la pereza y la subsi-

guiente falta de mérito acumulado, que conduce al temor a descender a reinos inferiores al final de sus prolongadas y lujosas vidas. Los dioses celosos (*asuras*) cuentan con una vida exuberante, pero están siempre peleándose a causa de la envidia. El reino humano se caracteriza por el sufrimiento del nacimiento, la vejez, la enfermedad y la muerte; el sufrimiento experimentado cuando las cosas cambian; el sufrimiento que acrecienta el sufrimiento anterior, y el sufrimiento resultante de acciones negativas anteriores. El reino animal viene determinado por la ignorancia; los animales no pueden hablar con otras especies, por lo que son fácilmente explotados por los seres humanos y a menudo se encuentran en situaciones difíciles o penosas. Los espíritus hambrientos (*pretas*) cuentan con un deseo y un apego insaciables, y se los describe con bocas minúsculas y enormes vientres, haciendo que estén siempre hambrientos y sedientos. El sexto reino representa la cólera y el odio, e incluye ocho tipos de infiernos calientes, ocho de infiernos fríos y dos tipos más de infiernos. Chatral Rimpoché se refiere a dos tipos de infiernos calientes: los infiernos hirviente y ardiente.

8. Un *shravaka* es un practicante de meditación buddhista muy realizado, según la tradición Theravayana.

9. *Lankavatara Sutra* (en tib. *Lang kar gShegs pa'i mDo*).

10. El *parinirvana* hace referencia al fallecimiento físico del Buddha en el reino humano para pasar al estado de iluminación perfecta.

11. Los cuatro principios raíz son abstenerse de lo siguiente: conducta sexual inadecuada, matar, robar y mentir.

12. Las siete clases de votos *vinaya* son los votos de los monjes, de las monjas, de los novicios, de las novicias, de las monjas intermedias, de los practicantes laicos masculinos y de las practicantes laicas.

13. Un *yogui* avanzado como Tilopa puede liberar animales como peces al consumir partes de su cuerpo muerto. Otra avanzada práctica yóguica es comer lo que suele constituir un tabú, considerándolo en esencia un néctar puro.

14. *Chöd* quiere decir "cortar", y es una práctica para destruir el apego del ego al ofrecer el propio cuerpo, cortado en pedazos y convertido en puro néctar, como sustento para los iluminados, los espíritus hambrientos, los demonios y otros seres sensibles. Suele practicarse tradicionalmente en osarios y cementerios.

15. El lama Arya Katayana visitó en una ocasión a una familia durante sus rondas de mendicidad, en la que pudo ver, gracias a su clarividencia, que el padre del marido que vivía en la casa –que había muerto hacía

unos años– había renacido como el pescado que la familia estaba consumiendo para cenar. El perro de la casa había sido el marido de la madre y su enemigo renació como su hijo. La madrastra del marido también estaba en la mesa. Se cita a Arya Katayana diciendo: «Come la carne de su padre; da una patada a su madre. Mece en su regazo al enemigo que mató. La esposa roe los huesos de su marido. ¡Qué risa ver lo que pasa en el *samsara*!». En Patrul Rimpoché, *Words of My Perfect Teacher*, 50.

16. Tsele Natsok Rangdrol (*rTse le sNga tshogs Rang grol*, 1608/?).

17. "Triple refugio" significa tomar refugio en el Buddha, el Dharma (las enseñanzas del Buddha) y el Sangha (la comunidad espiritual).

3. La actividad compasiva de salvar vidas

1. El *ushnisha* es una protuberancia craneal que representa la mente iluminada de un buddha.

2. *Yidam* significa "deidad", y aquí hace referencia a la de la compasión, Avalokiteshvara.

3. El Buddha Amitayus es el buddha de larga vida (convencionalmente) y de vida infinita (esencialmente) que mora en el reino puro de Akanishta con el Buddha Amitabha.

4. Los *siddhas* son practicantes espiritualmente perfeccionados que han alcanzado las realizaciones más elevadas.

5. Hace referencia a Yama, que representa el principio de causa y efecto que determina la naturaleza de la siguiente encarnación.

6. MAMA KOLING SAMANTA es un *mantra* en sánscrito de clausura por la liberación de todos los seres.

4. Breve sumario de los beneficios de construir un *stupa*

1. Los cinco pecados inexpiables son matar a la propia madre, matar al propio padre, matar a un *arahat*, provocar un cisma en el Sangha y verter la sangre de un Buddha con intención maligna.

2. El que no retrocederá en el camino hacia la buddheidad.

3. La oración de la dedicación del mérito compuesta por Chatral Rimpoché para "Breve sumario de los beneficios de construir y circunvalar un *stupa*, así como de postrarse y realizar oraciones aspirativas frente a uno" se ofrece al final del libro.

5. Ayudar los seres en una era de degeneración

1. La "transmisión mediante mandato mental" sirve como una llave para abrir el *terma* codificado cuando lo descubre un *terton*.

2. Thondup, Tulku, *Hidden Teachings of Tibet: An Explanation of the Terma Tradition of the Nyingma School of Buddhism*. Londres: Wisdom Publications, 1986, 103.

3. Dudjom Rimpoché lo explica así en su famoso texto *Richo*: «Como el Dzogpachenpo es tan profundo, aparecerán obstáculos, igual que obtener un gran beneficio implica correr un gran riesgo. La razón es que todo el *karma* negativo acumulado en el pasado se revuelve merced a la potencia de las instrucciones orales y, como muestra de ello, surge externamente en forma de obstáculos y apariciones creadas por Mara». En Dudjom Rimpoché, *Richo*. París: Rigpa, 1987, 15. Cuando las proyecciones mentales aparecen en forma de espíritus y demás, el practicante necesita haber llegado al nivel de ser capaz de reconocerlos como manifestaciones de la mente.

4. El Buddha Shakyamuni.

5. Guru Padmasambhava.

6. Avalokiteshvara, Mañjushri y Vajrapani son, respectivamente, las deidades de compasión, sabiduría y la deidad iracunda conocida como "El Señor de los secretos", que representa el poder y la fuerza de todos los buddhas. Son las tres figuras más importantes de entre los que se denomina "Ocho Grandes *Bodhisattvas*, que moran en la esfera del Sambhogakaya.

7. La tierra, los cielos y los mundos emanados.

8. Las tres raíces son *guru*, deidad y *dakini*.

6. Lugares de iluminación:la geografía sagrada de Yolmo y Maratika

1. Ian Baker, *The Heart of the World: A Journey to the Last Secret Place*, 2004, 25-26.

2. *Rushen* es una práctica preliminar Dzogchen para distinguir la mente dualista de la consciencia no dual, a fin de debilitar la noción de un sí-mismo independiente.

3. Baker, *The Heart of the World*, 452. "Ñen sa chöd" ha sido sustituido por "chöd" por el editor.

4. Una *tambura* es un laúd de la India sin trastes, utilizado como un sonido monótono.

5. Amitayus pertenece a la familia *padma* (lotada) de los buddhas.

6. Hace referencia a la Tara Blanca, el buddha femenino que se invoca en las prácticas de larga vida.

7. La tercera divinidad de larga vida es Namgyalma (Ushnivijaya en sánscrito), que es de color blanco, contando con tres rostros y ocho brazos.

8. Haleshi es el nombre nepalí de Maratika.
9. Shiva es el dios hinduista de la creación y destrucción; Umadevi es su consorte. Maratika es famoso por su *linga* sagrado shivaíta, y llegó a contar con una imagen de Shiva de casi 37 m de altura.
10. Chakrasamvara es una deidad negra azulada, con cuatro rostros y doce brazos, uno de los *herukas* principales, a menudo representado con su consorte.
11. Akanishta se considera el plano de existencia más elevado.
12. Una de las manifestaciones de Guru Padmasambhava.
13. Durante una iniciación, el iniciado "entra en el *mandala*" de la deidad en cuestión a fin de recibir sus bendiciones. Guru Padmasambhava y la princesa Mandarava entraron en el *mandala* de Amitayus de un modo muy real, recibiendo así directamente la iniciación de inmortalidad.
14. Los *rakshas* son demonios caníbales que habitan en una isla imperceptible para los humanos, a la que Guru Padmasambhava se dirigió cuando dejó el Tibet.
15. El propio Chatral Rimpoché está considerado como una emanación de la mente de Guru Padmasambhava.
16. El Jokhang es el templo más famoso de Lhasa, sito a corta distancia del palacio del Potala.
17. Leche, mantequilla y yogur.
18. "EMA" es la forma abreviada de "EH MA HO", que significa "¡Qué maravilla!".

7. DUJOM RIMPOCHÉ: SE CIERRA EL CÍRCULO

1. Las cinco certezas son: el lugar cierto, que es el muy surtido (tib. *'og min stug po bkod*), muy dispuesto; la forma cierta, adornada con las marcas y señales; la enseñanza cierta, que es exclusivamente el Mahayana; el cortejo cierto, compuesto por únicamente *bodhisattvas* de las diez *bhumis*, y el tiempo cierto, que es incesante o tan largo como el Samsara.
2. Creo que tiene relación con la experiencia del *bardo*. Para un ser ordinario, la visión quíntuple hace referencia a la naturaleza de su renacimiento (fuego para los seres destinados al infierno, bosques para los seres destinados a ser animales, moradas celestiales para los seres destinados al reino de los dioses, y demás). Para los seres iluminados, esas cinco visiones no son espantosas, sino oportunidades para, a través de su compasión, beneficiar a los seres.
3. Tierra.
4. Mañjushri, Avalokiteshvara y Vajrapani.

5. Renuncia, estudio y trabajo.
6. Son la degeneración de la longevidad humana, la degeneración del entorno, la degeneración de las opiniones de los seres, la degeneración de las facultades de los seres y la degeneración de las actitudes con el aumento de la negatividad.
7. Los tres *tantras* externos y los tres *tantras* internos del Mahayoga, Anuyoga y Atiyoga (Dzogchen).
8. Por encima de la tierra, sobre la misma y bajo ella.

8. RECOMEDACIÓN PARA LOS PRACTICANTES *ÑINGMA*

1. Se han omitido las siguientes líneas: «A este respecto, si me preguntan quién hizo esta petición, diré que nos la hizo a nosotros, los muy ancianos, Tharthang Tulku Rimpoché, que inició este acontecimiento, y la responsabilidad de organizar el evento se ha ido alternando entre diversos maestros, que han demostrado una gran bondad al hacerlo. Les estoy muy agradecido».
2. Se han omitido las siguientes líneas: «En cualquier caso, igual que hemos elegido a Kyabje Drubwang Pema Norbu Rimpoché como líder de la tradición Ñingma este año, también él –con una vasta motivación altruista y las bendiciones y oraciones de sus predecesores, así como las actividades de los protectores oceánicos del Dharma–, está obteniendo vastos beneficios para el Dharma y los seres sensibles. Nosotros, que hemos dejado atrás nuestra patria, hemos tenido que buscar refugio en las nobles tierras de la India, Nepal, Sikkim y Bután. Muchos de nosotros lo hemos pasado mal a la hora de poder llevarnos algo a la boca. Aunque mantengamos algunas opiniones respecto a ese tema, no tenemos manera de poder expresarlas.
3. Las séxtuple grandeza de la Escuela de la Traducción Antigua incluye los benefactores que invitaron a los traductores, el lugar de la traducción, los propios traductores, los expertos que ayudaron en la traducción, la ofrenda de dones realizada durante el proceso de traducción y las enseñanzas traducidas.
4. Es probable que se trate de una referencia a la multiplicidad de *tulkus* reconocidos del fallecido y gran Dudjom Rimpoché. Chatral Rimpoché desalienta a que los *ñingmapas* lo conviertan en un tema de discusión a fin de evitar las devastadoras consecuencias de una controversia de ese tipo, que en el caso de los dos *tulkus* reconocidos del Karmapa –el líder de la escuela Kagyu–, ha creado un feo conflicto.
5. *Bodhicitta* es la motivación para realizar la iluminación a fin de ayudar a todos los demás a conseguir lo mismo.

6. El *bardo* es el estado intermedio entre la muerte física y el siguiente renacimiento.

7. Véase nota 6 del Capítulo 7.

8. *'Jam dPal mTshan brJod*

9. *sMon Lam Chen po bZang po sPyod pa*

10. *Thub Chog Byin rLabs gTer mDzod* es un *sadhana* concentrado en el Buddha Shakyamuni.

11. Hace referencia a *'Khor gSum Yongs Dag*, una práctica que está libre de los conceptos de sujeto, objeto y acción.

12. Mara es el equivalente de "diablo", y la encarnación del mal en el buddhismo.

13. Guru Padmasambhava dijo –y es famoso por ello– que, aunque su visión era más elevada que el cielo, su conducta con respecto a causa y efecto era más refinada que la harina de cebada.

14. "Cuerpos de emanación": importantes lamas que han decidido reencarnarse de nuevo como maestros para ayudar a todos los seres.

15. Abades.

16. Longchen Rabjam, también conocido como Longchenpa, fue un importante erudito de la tradición Dzogchen. En su obra, *Siete tesoros,* sistematizó la doctrina Ñingma; también representó los principales linajes de la enseñanza Dzogchen.

17. Si las oraciones se realizan de forma impropia, cuando uno muera cargará con los pesos de esa gente fallecida.

18. Una *puja* es un servicio de culto en el que se realizan ofrendas de alimentos a las deidades, buddhas y *bodhisattva*s, y por lo tanto a todos los seres. Tras el servicio, los participantes consumen gran parte de los alimentos ofrecidos como fuente de bendiciones.

19. *Samaya* es la conexión kármica entre el estudiante y el maestro, e incluye un conjunto de promesas, como seguir bien las prácticas, considerar al maestro con una mente pura y otras.

20. Se han omitido las siguientes líneas: «Este festival no dura años ni meses. Teniendo en cuenta que sólo son diez días, deberíamos evitar cometer errores hasta el final».

21. Disciplina, concentración y sabiduría.

22. Las Declaraciones del Tripitaka son las tres colecciones de las enseñanzas del Buddha: Vinaya, *Sutra* y Abhidharma. El Vinaya incluye enseñanzas sobre disciplina monástica y ética. Los *Sutras* son las enseñanzas compendiadas del Buddha a sus discípulos. El Abhidharma es la base de la psicología, lógica y cosmología budista.

23. Se refiere a *zhing sa*, una atmósfera en la que puede crecer y florecer la semilla de buddheidad.
24. En una sala monástica hay varias hileras en las que se sientan los monjes. Ser el primero de una fila implica cierto prestigio.
25. Un *chakra* es una rueda de ocho radios que simboliza el Dharma.
26. El pasado, presente, futuro y el tiempo más allá del tiempo.
27. Tierra, agua, fuego y viento.

9. Consejos

1. "Veneración por el Maestro Espiritual".
2. Pema Ledrel Tsal es uno de los nombres que usa Chatral Rimpoché para referirse a su maestro, Khenpo Ngawang Palzang.
3. Hay que realizar acciones virtuosas; es necesario abandonar las acciones negativas.
4. Los cinco venenos son: cólera, deseo, ignorancia, orgullo y envidia.

Oraciones de larga vida

5. Guru Padmasambhava.
6. Los dos beneficios son el de realizar la liberación uno mismo y el de ayudar a los demás a realizarla.
7. Khenpo Tendzin Özer, *Seed of Faith*, 6. En su oración, el editor ha cambiado "Kharchu Sa" por "mente de Guru Padmasambhava", y "mundos triples" por "tres mundos".
8. Samantabhadra es el Buddha de la esfera del Dharmakaya, y representa el estado primordial de consciencia perfecta.
9. El *bodhicitta* supremo es reconocer la naturaleza búddhica en todos los seres sensibles y por lo tanto su pureza primordial, y tiene lugar cuando se realiza la inseparabilidad de vaciedad y compasión, cuando una compasión ilimitada emana espontáneamente de aquélla.
10. Al final de cualquier enseñanza o práctica es obligatorio dedicar el mérito de esa actividad en beneficio de todos los seres en su búsqueda de la iluminación. Tras haber leído este libro y contemplado las enseñanzas del gran maestro Chatral Rimpoché, todos sus lectores habrán creado mérito y, al pronunciar esta oración, se asegurará todo el beneficio de ese mérito.

REFERENCIAS

The Asian Journal of Thomas Merton. Editado por Naomi Burton, Patrick Hart y James Laughlin. Nueva York: New Directions Publications, 1968.

Blazing Splendor: The Memoirs of Tulku Urgyen Rinpoche. Erik Pema Kunsang y Marcia Binder Schmidt. Katmandú: Rangjung Yeshe Publications, 2005.

The Heart of the World. Ian Baker. Nueva York: Penguin Press, 2004. [Edición en castellano: *El corazón del mundo*. Barcelona: La liebre de marzo, 2007.]

Hidden Teachings of Tibet: An Explanation of the Terma Tradition of the Nyingma School of Buddhism. Tulku Thondup Rimpoché. Editado por Harold Talbott. Londres: Wisdom Publications, 1986.

The Lankavatara Sutra: A Mahayana Text. Traducido por D.T. Suzuki. Nueva Delhi: Munshiram Manoharlal Publishers, 1999.

Light of Lotus. Editado por el doctor David Kin-keung Chan. Hong Kong: Dudjom Buddhist Association, nº 3, junio 2000.

Mayüm's Life. Chökyi Ñima Rimpoché. Traducido por Erik Pema Kunsang. Véase:
http://gomde.dk/pages/biography/cnyima/mayum1.htm

The Tibetan Book of Living and Dying. Sogyal Rimpoché. San Francisco: HarperCollins, 1995. [Edición en castellano: *El libro tibetano de la vida y de la muerte.* Barcelona: Ediciones Urano, 2006.]

Practice of the Mountain Retreat Expounded Simply and Directly in Its Essential Nakedness. Dudjom Rimpoché. Traducido por Matthieu Ricard. Darjeeling, India: OKC Monastery, 1976.

Seed of Faith: A Biography of the Lord of Refuge, Chatral Sangye Dorje. Khenpo Tendzin Özer. Traducido por Erik Pema Kunsang. 2004 (no publicado).

The Thirty-seven Practices of a Bodhisattva. Thogmed Zangpo. Véase http://buddhism.kalachakranet.org/resources.

The Words of My Perfect Teacher. Patrul Rimpoché. Traducido por el grupo de traducción Padmakara. San Francisco: HarperCollins Publishers, 1994.